全 世 界 无 产 者 ， 联 合 起 来 ！

列　宁

帝国主义
是资本主义的最高阶段

中共中央　马克思　恩格斯　著作编译局编译
　　　　　　列　宁　斯大林

人民出版社

编 辑 说 明

　　马克思、恩格斯和列宁的著作是马克思主义的理论原典,是学习、研究、宣传和普及马克思主义的基础文献。为了适应马克思主义中国化、时代化、大众化不断推进的形势,满足广大读者多层次的需求,我们总结了迄今为止的编译经验,考察了国内外出版的有关读物,吸收了理论界提出的宝贵建议,精选马克思、恩格斯和列宁的重要著述,编成《马列主义经典作家文库》。

　　文库辑录的文献分为三个系列:一是著作单行本,收录经典作家撰写的独立成书的重要著作;二是专题选编本,收录经典作家集中论述有关问题的短篇著作和论著节选;三是要论摘编本,辑录经典作家对有关专题的论述,按逻辑结构进行编排。

　　文库编辑工作遵循面向实践、贴近群众的原则,力求在时代特色、学术质量、编排设计方面体现新的水准。

　　本系列是《马列主义经典作家文库》的著作单行本,主要收录马克思、恩格斯和列宁的基本著作以及在各个历史时期的代表性著作，同时收入马克思、恩格斯和列宁在不同时期为这些著作撰写的序言、导言或跋。有些重点著作还增设附录，收入对理解和研究经典著作正文有重要参考价值的文献和史料。列入著作单行本系列的文献一般都是全文刊行，只有马克思恩格斯的《德意志意识形态》、马克思的经济学手稿以及列宁的《哲学笔记》等篇幅较大的著作采用节选形式。

著作单行本系列所收的文献均采用马克思、恩格斯和列宁著作最新版本的译文，以确保经典著作译文的统一性和准确性。自1995年起，由我局编译的《马克思恩格斯全集》第二版陆续问世，迄今已出版24卷；从2004年起，我们又先后编译并出版了《马克思恩格斯文集》和《马克思恩格斯选集》第三版。著作单行本系列收录的马克思恩格斯著作采用了上述最新版本的译文，对未收入上述版本的马克思恩格斯著作的译文，我们按照最新版本的编译标准进行了审核和修订；列宁著作则采用由我局编译的《列宁全集》第二版和《列宁选集》第三版修订版译文。

著作单行本系列采用统一的编辑体例。每本书正文前面均刊有《编者引言》，简要地综述相关著作的时代背景、理论观点和历史地位，帮助读者理解原著、把握要义；同时概括地介绍相关著作写作和流传情况以及中文译本的编译出版情况，供读者参考。正文后面均附有注释和人名索引，以便于读者查考和检索。

著作单行本系列的技术规格沿用《马克思恩格斯全集》第二版和《列宁全集》第二版的相关规定。在马克思、恩格斯、列宁著作的目录和正文中，凡标有星花＊的标题都是编者加的；引文中的尖括号〈　〉内的文字和标点符号是马克思、恩格斯、列宁加的；未注明"编者注"的脚注,是马克思、恩格斯、列宁的原注;人名索引的条目按汉语拼音字母顺序排列。在马克思恩格斯著作中,引文里加圈点处是马克思、恩格斯加着重号的地方,目录和正文中方括号[ ]内的文字是编者加的。在列宁著作中,凡注明"俄文版编者注"的脚注都是指《列宁全集》俄文第五版编者加的注,人名索引中的条头括号内用黑体字排印的是相关人物的真实姓名,未加黑体的则是笔名、别名、曾用名或绰号。此外,列宁著作标题下括号内的日期是编者加的;编者加的日期,公历和俄历并用时,俄历在前,公历在后。

中共中央 马克思 恩格斯 著作编译局
列 宁 斯大林

2014 年 6 月

目　　录

插　　图

编　者　引　言

　　《帝国主义是资本主义的最高阶段(通俗的论述)》,简称《帝国主义论》,是列宁系统阐述关于帝国主义理论的重要著作。

　　19世纪末20世纪初,资本主义的发展从自由竞争阶段进入垄断阶段,即帝国主义阶段。资本主义固有的矛盾进一步发展,工人运动和民族解放运动日益高涨,帝国主义国家之间的矛盾空前激化,1914年爆发了世界大战。世界出现了新的革命形势。而第二国际的一些领袖歪曲这场战争的帝国主义性质,鼓吹社会沙文主义、超帝国主义论等机会主义理论。如何认识帝国主义本质、战争与革命的关系,如何制定帝国主义时代无产阶级革命斗争策略,成为国际共产主义运动的迫切问题。为此,列宁写了《帝国主义是资本主义的最高阶段》这部著作。

　　在这部著作中,列宁根据马克思主义基本原理,总结了《资本论》问世半个世纪以来世界资本主义的新变化,指出资本主义已经发展到一个新的阶段——帝国主义阶段。列宁运用历史和逻辑统一的方法考察了资本主义垄断形成和发展的过程,把资本主义的新变化概括为五个特征:生产和资本的高度集中造成了在经济生活中起决定作用的垄断组织;银行资本和工业资本融合为金融资本并在此基础上形成了金融寡头;和商品输出不同的资本输出具有特别重要的意义;瓜分世界的资本家国际垄断同盟已经形成;资本主义列强已把世界上的领土瓜分完毕。在对资本主义基本经济特征分析的基础上,列宁给帝国主义下了科学定义:"帝国主义是发展到垄断组织和金融资本的统治已经确立、资本输出具有突出意义、国际托拉斯开始瓜分世界、一些最大的资本主义国家已经把世界全部领土瓜分完毕这一阶段的资本主义。"(见本书第87页)列宁指出,帝国主义最深厚的经济基础是垄断,但这种垄断不是纯粹的垄断,而是同竞争混合和并存的垄断,在垄断条件下竞争会更激烈、更残酷。在帝国主义阶段,资本主义表现出特有的寄生性和腐朽性,但是,如果以为这种腐朽趋势排除了资本主义的迅速发展,那就错了。实际上,资本主义的发展在这一阶段比从前要快得多,只是发展更加不平衡。帝国主义发展存在两种趋势:迅速发展的趋势和停滞腐朽的趋势。通过对帝国主义经济特征和历史地位的分析,列宁得出结论说:"帝国主义是过渡的资本主义,或者更确切些说,是垂死的资本主义"(见本书第124页)。列宁还批判考茨基鼓吹的"超帝国主义论",揭露了考茨基主义对马克思主义的背弃。

《帝国主义是资本主义的最高阶段》这部著作写于1916年上半年。列宁早就关注资本主义发展的新现象,在1895—1913年写的一些著作中已揭示和分析了资本主义发展到帝国主义阶段的某些特征。1914年第一次世界大战爆发后,列宁为适应革命斗争需要,从1915年开始集中力量研究帝国主义问题,收集了大量的书籍和报刊资料,写了约50个印张的关于帝国主义的笔记(见《列宁全集》第2版第54卷),为写作《帝国主义是资本主义的最高阶段》作了充分准备。1917年,这部著作以《帝国主义是资本主义的最新阶段(通俗的论述)》为书名在彼得格勒由生活和知识出版社第一次印成单行本,列宁写了序言。在序言中列宁说明,当初写作这部著作时为了应付沙皇政府的书报检查,在谈到"帝国主义是社会主义革命的前夜"等政治问题时,不得不用暗示的方式,采用伊索式的语言。列宁还阐明了写这部著作的宗旨,指出这部著作"能有助于理解帝国主义的经济实质这个基本经济问题,不研究这个问题,就根本不会懂得如何去认识现在的战争和现在的政治"(见本书第4页)。1920年7月列宁又为本书法文版和德文版写了序言,对本书内容作了一些重要的概括和补充。这篇序言说明了帝国主义与战争的关系,帝国主义战争与无产阶级革命的关系,强调了批判考茨基主义的必要性,最后以明确的语言宣布:"帝国主义是无产阶级社会革命的前夜"(见本书第10页)。1935年,本书首次以《帝国主义是资本主义的最高阶段》为书名并按照列宁手稿全文刊印于《列宁全集》俄文版第二、三版第19卷。

《帝国主义是资本主义的最高阶段》最早由李春蕃(柯柏年)摘译了第1—6节,以《帝国主义》为题发表在1924年5月《觉悟》杂志上;1925年2月以《帝国主义浅说》为书名出了单行本。第一个全译本由刘楚平翻译,1929年6月上海启智书局出版,书名为《资本主义最后阶段帝国主义论》。新中国成立后,这部著作由中央编译局重新翻译,收入1958年6月出版的《列宁全集》中文第一版第22卷;新修订的译文收入1990年出版的《列宁全集》中文第二版第 27 卷和 2012 年出版的《列宁选集》第三版修订版第 2 卷。

本书采用《列宁选集》第三版修订版的译文。

列　　宁

帝国主义是
资本主义的最高阶段

（通俗的论述）

（1916 年 1—6 月）

序　言

　　现在献给读者的这本小册子,是1916年春天我在苏黎世写成的。在那里的工作条件下,我自然感到法文和英文的参考书有些不足,俄文参考书尤其缺乏。但是,论述帝国主义的一本主要英文著作,即约·阿·霍布森的书[1],我还是利用了的,而且我认为是给了它应得的重视。

　　我写这本小册子的时候,是考虑到沙皇政府的书报检查的。因此,我不但要极严格地限制自己只作理论上的、特别是经济上的分析,而且在表述关于政治方面的几点必要的意见时,不得不极其谨慎,不得不用暗示的方法,用沙皇政府迫使一切革命者提笔写作"合法"著作时不得不采用的那种伊索式的——可恶的伊索式的——语言。

　　在目前这种自由的日子里,重读小册子里这些因顾虑沙皇政府的书报检查而说得走了样的、吞吞吐吐的、好像被铁钳子钳住了似的地方,真是感到十分难受。在谈到帝国主义是社会主义革命的前夜,谈到社会沙文主义(口头上的社会主义,实际上的沙文主义)完全背叛了社会主义、完全转到资产阶级方面,谈到工人运动的这种分裂是同帝国主义的客观条件相联系的等等问题时,我不得不用一种"奴隶的"语言,现在,只好请关心这类问题的读者去看我那些即将重新刊印的1914—1917年间在国外写的论文。这里要特别指出的是第119—120页上的一段文字①。当时为了用书报检查通得过的形式向读者说明,资本家以及转到资本家方面的社会沙文主义者(考茨基同他们进行的斗争是很不彻底的)怎样无耻地在兼并问题上撒谎,怎样无耻地**掩饰自己的**资本家的兼并政策,我不得不拿……日本作例子! 细心的读者不难把日本换成俄国,把朝鲜换成芬兰、波兰、库尔兰、乌克兰、希瓦、布哈拉、爱斯兰和其他非大俄罗斯人居住的地区。

我希望我这本小册子能有助于理解帝国主义的经济实质这个基本经济问题,不研究这个问题,就根本不会懂得如何去认识现在的战争和现在的政治。

作 者

1917年4月26日于彼得格勒

---

① 见本书第120页。——编者注

法文版和德文版序言[2]

一

我在俄文版序言里说过,1916 年写这本小册子的时候,是考虑到沙皇政府的书报检查的。现在我不可能把全文改写一遍,而且改写也未必适当,因为本书的主要任务,无论过去或现在,都是根据无可争辩的资产阶级统计的综合材料和各国资产阶级学者的自白,来说明 20 世纪初期,即第一次世界帝国主义大战前夜,全世界资本主义经济在其国际相互关系上的**总的情况**。

不改写对于先进资本主义国家的许多共产党人来说,在某种程度上甚至不无益处,因为他们根据这本**被沙皇书报检查机关认为合法的**书的例子可以看到,甚至像在目前的美国或在法国,在不久以前几乎所有的共产党人都被逮捕之后,还是有可能和有必要利用共产党人还保有的一点点合法机会,来揭露社会和平主义观点和"世界民主"幻想的极端虚伪性。而在这篇序言中,我只想对这本经过检查的书作一些最必要的补充。

二

本书证明,1914—1918 年的战争,从双方来说,都是帝国主义的(即侵略的、掠夺的、强盗的)战争,都是为了瓜分世界,为了瓜分和重新瓜分殖民地、金融资本的"势力范围"等等而进行的战争。

要知道,能够证明战争的真实社会性质,确切些说,证明战争的真实阶级性质的,自然不是战争的外交史,而是对**所有**交战大国统治**阶级**的**客观**情况的分析。为了说明这种客观情况,应当利用的,不是一些例子和个别的材料(社会生活现象极其复杂,随时都可以找到任何数量的例子或个别的材料来证实任何一个论点),而必须是关于**所有**交战大国和**全**世界的经济生活**基础**的材料的**总和**。

我在说明1876年和1914年**瓜分世界**的情况(第6章)以及说明1890年和1913年瓜分世界**铁路**的情况(第7章)时所引用的,正是这样一些驳不倒的综合材料。铁路是资本主义工业最主要的部门即煤炭工业和钢铁工业的结果,是世界贸易和资产阶级民主文明发展的结果和最显著的标志。本书前几章说明了铁路是怎样同大生产,同垄断组织,同辛迪加、卡特尔、托拉斯、银行,同金融寡头联系在一起的。铁路网的分布,这种分布的不平衡,铁路网发展的不平衡,是全世界现代资本主义即垄断资本主义造成的结果。这种结果表明,只要生产资料私有制还存在,在上述**这样的**经济基础上,帝国主义战争是绝对不可避免的。

建筑铁路似乎是一种普通的、自然的、民主的、文化的、传播文明的事业。在那些由于粉饰资本主义奴隶制而得到报酬的资产阶级教授看来,在小资产阶级庸人看来,建筑铁路就是这么一回事。实际上,资本主义的线索像千丝万缕的密网,把这种事业同整个生产资料私有制连结在一起,把这种建筑事业变成对**10亿人**(殖民地加半殖民地），即占世界人口半数以上的附属国人民，以及对"文明"国家资本的雇佣奴隶进行压迫的工具。

以小业主的劳动为基础的私有制，自由竞争，民主，——所有这些被资本家及其报刊用来欺骗工农的口号，都早已成为过去的东西。资本主义已成为极少数"先进"国对世界上绝大多数居民实行殖民压迫和金融扼杀的世界体系。瓜分这种"赃物"的是两三个世界上最强大的全身武装的强盗（美、英、日），他们把全世界卷入**他们**为瓜分**自己**的赃物而进行的战争。

三

君主制的德国强迫签订的布列斯特-里托夫斯克和约[3]，以及后来美、法这些"民主的"共和国和"自由的"英国强迫签订的更残暴得多、卑鄙得多的凡尔赛和约[4]，给人类做了一件天大的好事，它们把帝国主义雇用的文丐，把那些虽然自称为和平主义者和社会主义者，但是却歌颂"威尔逊主义"[5]，硬说在帝国主义条件下可能得到和平和改良的反动小市民，全都揭穿了。

英德两个金融强盗集团争夺赃物的战争留下的几千万尸体和残废者，以及上述这两个"和约"，空前迅速地唤醒了千百万受资产阶级压迫、蹂躏、欺骗、愚弄的民众。于是，在战争造成的全世界的经济破坏的基础上，世界革命危机日益发展，这个危机不管会经过多么长久而艰苦的周折，最后必将以无产阶级革命和这一革命的胜利而告终。

第二国际的巴塞尔宣言[6]在 1912 年所估计的正是 1914 年爆

发的这样的战争,而不是一般战争(有各种各样的战争,也有革命的战争),——这个宣言现在仍是一个历史见证,它彻底揭露了第二国际英雄们的可耻破产和叛变行为。

因此,我现在把这篇宣言转载在本版的附录里,并且再次请读者注意:这篇宣言中确切、明白、直接地谈到这场即将到来的战争和无产阶级革命之间的联系的那些地方,第二国际的英雄们总是想方设法避开,就像小偷躲避他偷过东西的地方一样。

四

本书特别注意批判"考茨基主义"这一国际思潮,在世界各国代表这一思潮的是第二国际的"最有名的理论家"和领袖(在奥地利是奥托·鲍威尔及其一伙,在英国是拉姆赛·麦克唐纳等人,在法国是阿尔伯·托马等等,等等),以及一大批社会党人、改良主义者、和平主义者、资产阶级民主派和神父。

这个思潮,一方面是第二国际瓦解、腐烂的结果,另一方面是由于整个生活环境而被资产阶级偏见和民主偏见所俘虏的小资产者的意识形态的必然产物。

考茨基及其同伙的这类观点,正好完全背弃了这位著作家在几十年里,特别是在同社会主义运动中的机会主义(伯恩施坦、米勒兰、海德门、龚帕斯等人的机会主义)作斗争时所捍卫的那些马克思主义的革命原理。因此,现在"考茨基派"在全世界都同极端机会主义者(通过第二国际即黄色国际[7])和资产阶级政府(通过有社会党人参加的资产阶级联合政府)在政治实践上联合起来,这并不是偶然的。

在全世界日益发展的一般无产阶级革命运动,特别是共产主义运动,不能不分析和揭露"考茨基主义"的理论错误。所以要这样做,尤其是因为和平主义和一般"民主主义"在全世界还十分流行,这些思潮虽然丝毫不想冒充马克思主义,但是完全同考茨基及其一伙一样,也在掩饰帝国主义矛盾的深刻性和帝国主义产生革命危机的必然性。所以,无产阶级的政党必须同这些思潮作斗争,把受资产阶级愚弄的小业主和程度不同地处在小资产阶级生活条件下的千百万劳动者从资产阶级那里争取过来。

五

关于第八章——《资本主义的寄生性和腐朽》,有必要说几句话。在本书正文中已经指出:过去是"马克思主义者"、现在是考茨基的战友和"德国独立社会民主党"[8]的资产阶级改良主义政策主要代表人之一的希法亭,在这个问题上,比**露骨的**和平主义者和改良主义者英国人霍布森还后退了一步。现在,整个工人运动的国际性的分裂已经完全暴露出来了(第二国际和第三国际)。这两派之间的武装斗争和国内战争的事实也同样暴露出来了:在俄国,孟什维克和"社会革命党人"[9]支持高尔察克和邓尼金,反对布尔什维克;在德国,谢德曼分子和诺斯克及其一伙同资产阶级一起反对斯巴达克派[10];在芬兰、波兰以及匈牙利等国也是如此。这个有世界历史意义的现象的经济基础是什么呢?

就是资本主义的寄生性和腐朽,而这是资本主义的最高历史阶段即帝国主义所特有的。正如本书所证明的,资本主义现在已经划分出**极少数**特别富强的国家(其人口不到世界人口的$\frac{1}{10}$,即使按最"慷慨"和最夸大的计算,也不到$\frac{1}{5}$),它们专靠"剪息票"来掠夺全世界。根据战前的价格和战前资产阶级的统计,资本输出的收入每年有 80 亿—100 亿法郎。现在当然更多得多了。

很明显,这种大量的**超额利润**(因为它是在资本家从"自己"国家工人身上榨取的利润之外得来的)**可以**用来**收买**工人领袖和工人贵族这个上层。那些"先进"国家的资本家也确实在收买他们,用直接的和间接的、公开的和隐蔽的办法千方百计地收买他们。

这个资产阶级化了的工人阶层即"工人贵族"阶层,这个按生活方式、工资数额和整个世界观说来已经完全小市民化的工人阶层,是第二国际的主要支柱,现在则是**资产阶级的**主要**社会支柱**(不是军事支柱)。因为这是**资产阶级在工人**运动**中**的真正**代理人**,是资本家阶级的工人帮办(labor lieutenants of the capitalist class),是改良主义和沙文主义的真正传播者。在无产阶级同资产阶级的国内战争中,他们有不少人必然会站在资产阶级方面,站在"凡尔赛派"**11**方面来反对"公社战士"。

如果不懂得这个现象的经济根源,如果不充分认识这个现象的政治意义和社会意义,那么,在解决共产主义运动和即将到来的社会革命的实践任务方面,就会一步也不能前进。

帝国主义是无产阶级社会革命的前夜。从 1917 年起,这已经在全世界范围内得到了证实。

尼·列宁

1920 年 7 月 6 日

帝国主义是资本主义的最高阶段

（通俗的论述）

（1916 年 1—6 月）

在最近 15—20 年中，特别是在美西战争（1898 年）[12]和英布战争（1899—1902 年）[13]之后，新旧两大陆出版的经济学著作以及政治学著作，愈来愈多地用"帝国主义"这个概念来说明我们所处时代的特征了。1902 年，在伦敦和纽约出版了英国经济学家约·阿·霍布森的《帝国主义》一书。作者所持的是资产阶级社会改良主义与和平主义的观点，这同过去的马克思主义者卡·考茨基今天的立场实质上是一样的，但是，他对帝国主义的基本经济特点和政治特点作了一个很好很详尽的说明。1910 年，在维也纳出版了奥地利马克思主义者鲁道夫·希法亭的《金融资本》一书[14]（俄译本 1912 年在莫斯科出版）。虽然作者在货币理论问题上有错误，并且书中有某种把马克思主义同机会主义调和起来的倾向，但是这本书对"资本主义发展的最新阶段"（希法亭这本书的副标题）作了一个极有价值的理论分析。实质上，近年来关于帝国主义问题的论述，特别是报刊上有关这个问题的大量文章中所谈的，以及各种决议，如 1912 年秋的开姆尼茨[15]和巴塞尔两次代表大会的决议中所谈的，恐怕都没有超出这两位作者所阐述的，确切些说,所总结的那些思想的范围……

　　下面,我们准备对帝国主义的**基本**经济特点的联系和相互关系,作一个简要的、尽量通俗的阐述。至于非经济方面的问题,我们就不谈了,尽管这还是值得一谈的。所引资料的出处及其他注释并不是所有的读者都感兴趣的,所以放在本书的最后。①

---

① 　在本书中,这些已分别移至当页正文下面作为脚注。——编者注

Н. ЛЕНИНЪ (ВЛ. ИЛЬИНЪ).

ИМПЕРІАЛИЗМЪ,

КАКЪ НОВѢЙШІЙ ЭТАПЪ

КАПИТАЛИЗМА.

(Популярный очеркъ).

———

СКЛАДЪ ИЗДАНІЯ:
Книжный складъ и магазинъ „Жизнь и Знаніе"
Петроградъ, Поварской пер., 2, кв. 9 и 10. Тел. 227—42.
1917 г.

1917 年列宁《帝国主义是资本主义的最高阶段》一书封面

一　生产集中和垄断

资本主义最典型的特点之一,就是工业蓬勃发展,生产集中于愈来愈大的企业的过程进行得非常迅速。现代工业调查提供了说明这一过程的最完备最确切的材料。

例如在德国,每 1 000 个工业企业中,雇用工人 50 人以上的大企业,1882 年有 3 个,1895 年有 6 个,1907 年有 9 个。每 100 个工人中,这些企业的工人分别占 22 人、30 人、37 人。但是生产集中的程度要比工人集中的程度大得多,因为在大企业中劳动的生产率要高得多。蒸汽机和电动机的材料可以说明这一点。拿德国所谓广义的工业(包括商业和交通运输业等在内)来说,情况如下:在 3 265 623 个企业中,大企业有 30 588 个,只占 0.9%。在 1 440 万工人中,它们的工人占 570 万,即占 39.4%;在 880 万蒸汽马力中,它们占有 660 万马力,即占 75.3%;在 150 万千瓦电力中,它们占有 120 万千瓦,即占 77.2%。

不到 1% 的企业,竟占有总数 $\frac{3}{4}$ 以上的蒸汽力和电力!而 297 万个小企业(雇佣工人不超过 5 人的),即占总数 91% 的企业,却只占有 7% 的蒸汽力和电力!几万个最大的企业就是一切,数百万个小企业算不了什么。

德国在 1907 年雇用工人 1 000 人和 1 000 人以上的企业,有

586 个。它们的工人几乎占总数的 $\frac{1}{10}$（138 万），它们的蒸汽力和电力几乎占总数的 $\frac{1}{3}$（32%）。① 下面我们可以看到，货币资本和银行使极少数最大企业的这种优势变成更强大的而且是名副其实的压倒优势，就是说，几百万中小"业主"，甚至一部分大"业主"，实际上完全受几百个金融富豪的奴役。

在另一个现代资本主义先进国家北美合众国，生产集中发展得更加迅猛。美国统计把狭义的工业单独列出，并且按全年产值的多少把这种企业分成几类。1904 年，产值在 100 万美元和 100 万美元以上的最大的企业有 1 900 个（占企业总数 216 180 个的 0.9%），它们有 140 万工人（占工人总数 550 万的 25.6%），产值为 56 亿美元（占总产值 148 亿美元的 38%）。5 年之后，即 1909 年，相应的数字如下：3 060 个企业（占企业总数 268 491 个的 1.1%），有 200 万工人（占工人总数 660 万的 30.5%），产值为 90 亿美元（占总产值 207 亿美元的 43.8%）。②

美国所有企业的全部产值，差不多有一半掌握在仅占企业总**数百分之一**的企业手里！而这 3 000 个大型企业包括 258 个工业部门。由此可见，集中发展到一定阶段，可以说就自然而然地走到垄断。因为几十个大型企业彼此之间容易达成协议；另一方面，正是企业的规模巨大造成了竞争的困难，产生了垄断的趋势。这种从竞争到垄断的转变，不说是最新资本主义经济中最重要的现象，也是最重要的现象之一，所以我们必须比较详细地谈一下。但是，我们首先应当消除一个可能产生的误会。

———————

① 数字是根据 1911 年《德意志帝国年鉴》**16**察恩的文章综合的。

② 《美国统计汇编（1912 年）》第 202 页。

美国的统计材料说：在 250 个工业部门中有 3 000 个大型企业。似乎每个部门只有 12 个规模最大的企业。

但事实上并非如此。并不是每个工业部门都有大企业；另一方面，资本主义发展到了最高阶段，有一个极重要的特点，就是所谓**联合制**，即把不同的工业部门联合在一个企业中，这些部门或者是依次对原料进行加工（如把矿石炼成生铁，把生铁炼成钢，可能还用钢制造各种成品），或者是一个部门对另一个部门起辅助作用（如加工下脚料或副产品，生产包装用品，等等）。

希法亭写道："联合制把各种行情拉平，从而保证联合企业有更稳定的利润率。第二，联合制导致贸易的消除。第三，联合制使技术改进有可能实现，因而与'单纯'企业〈即没有联合的企业〉相比，能够得到更多的利润。第四，联合制使联合企业的地位比'单纯'企业巩固，使它在原料跌价赶不上成品跌价的严重萧条〈营业呆滞，危机〉时期的竞争中得到加强。"①

德国资产阶级经济学家海曼写了一部描述德国钢铁工业中"混合"（即联合）企业的专著，他说："单纯企业由于原料价格高、成品价格低而纷纷倒闭"。结果是：

"一方面剩下几个采煤量达几百万吨的大煤业公司，它们紧密地组成一个煤业辛迪加；其次，是同它们有密切联系的、组成钢铁辛迪加的一些大铸钢厂。这些大型企业每年生产 40 万吨〈一吨等于 60 普特〉钢，采掘大量的矿石和煤炭，生产钢制品，有 1 万个住在工厂区集体宿舍中的工人，有的还有自己专用的铁路和港口。这种大型企业是德国钢铁工业的典型代表。而且集中还在不

---

① 《金融资本》俄译本第 286—287 页。

断地发展。某些企业愈来愈大;同一工业部门或不同工业部门的企业结合为大型企业的愈来愈多,而且有柏林的 6 家大银行作它们的靠山和指挥者。德国采矿工业确切地证实了卡尔·马克思关于集中的学说是正确的;诚然,这里指的是用保护性的关税和运费率来保护采矿工业的国家。德国采矿工业已经成熟到可以被剥夺的地步了。"①

这就是一个诚实的(这是一个例外)资产阶级经济学家势必得出的结论。必须指出,他把德国似乎看得很特殊,因为德国工业受到高额保护关税的保护。但是这种情况只能加速集中,加速企业家垄断同盟卡特尔、辛迪加等等的形成。特别重要的是,在自由贸易的国家英国,集中**同样**导致垄断,尽管时间稍晚,形式也许有所不同。请看赫尔曼·莱维教授根据大不列颠经济发展材料写的专著《垄断组织——卡特尔和托拉斯》中的一段话:

"在大不列颠,正是企业的巨大规模和高度技术水平包含着垄断的趋势。一方面,由于集中的结果,对每一企业必须投入大量资本,因此,新企业在必要资本额方面面临着愈来愈高的要求,这就使新企业难以出现。另一方面(我们认为这一点更重要),每个新企业要想同集中所造成的那些大型企业并驾齐驱,就必须生产大量的过剩产品,而这些产品只有在需求异常增加的时候才能有利地销售出去,否则这种产品过剩就会使价格跌到无论对新工厂或各垄断同盟都不利的程度。"英国和那些有保护关税促进卡特尔化的国家不同,在这里,企业家垄断同盟卡特尔和托拉斯,多半是在互相

---

① 汉斯·吉德翁·海曼《德国大钢铁工业中的混合企业》1904 年斯图加特版第 256、278—279 页。

竞争的主要企业的数目缩减到"一两打"的时候才产生的。"集中对产生大工业垄断组织的影响,在这里表现得十分明显。"①

在半个世纪以前马克思写《资本论》的时候,绝大多数经济学家都认为自由竞争是一种"自然规律"。官方学者曾经力图用缄默这种阴谋手段来扼杀马克思的著作,因为马克思对资本主义所作的理论和历史的分析,证明了自由竞争产生生产集中,而生产集中发展到一定阶段就导致垄断。现在,垄断已经成了事实。经济学家们正在写大堆大堆的著作,叙述垄断的某些表现,同时却继续齐声宣告:"马克思主义被驳倒了。"但是,英国有句谚语说得好:事实是顽强的东西,不管你愿意不愿意,你都得重视事实。事实证明:某些资本主义国家之间的差别,例如实行保护主义还是实行自由贸易,只能在垄断组织的形式上或产生的时间上引起一些非本质的差别,而生产集中产生垄断,则是现阶段资本主义发展的一般的和基本的规律。

对于欧洲,可以相当精确地确定新资本主义**最终**代替旧资本主义的时间是 20 世纪初。在最近出版的一本关于"垄断组织的形成"的历史的综合性著作中,我们看到有下面几段话:

"我们可以从 1860 年以前的时代里举出资本主义垄断组织的个别例子;从这些例子可以看出现在极常见的那些形式的萌芽;但是这一切无疑还是卡特尔的史前时期。现代垄断组织的真正开始,最早也不过是 19 世纪 60 年代的事。垄断组织的第一个大发展时期,是从 19 世纪 70 年代国际性的工业萧条开始,一直延续到

---

① 赫尔曼·莱维《垄断组织——卡特尔和托拉斯》1909 年耶拿版第 286、290、298 页。

19 世纪 90 年代初期。""如果从欧洲范围来看,60 年代和 70 年代是自由竞争发展的顶点。当时,英国建成了它的那种旧式资本主义组织。在德国,这种组织同手工业和家庭工业展开了坚决的斗争,开始建立自己的存在形式。"

"大转变是从 1873 年的崩溃时期,确切些说,是从崩溃后的萧条时期开始的;这次萧条在欧洲经济史上持续了 22 年,只是在 80 年代初稍有间断,并在 1889 年左右出现过异常猛烈然而为时甚短的高涨。""在 1889—1890 年短促的高涨期间,人们大力组织卡特尔来利用行情。轻率的政策使价格比没有卡特尔时提高得更快更厉害,结果所有这些卡特尔差不多全都不光彩地埋葬在'崩溃这座坟墓'里了。后来又经过了 5 年不景气和价格低落的时期,但是这时笼罩在工业界的已经不是从前那种情绪了。人们已经不把萧条看成什么当然的事情,而认为它不过是有利的新行情到来之前的一种间歇。

于是卡特尔运动进入了第二个时期。卡特尔已经不是暂时的现象,而成了全部经济生活的基础之一。它占领一个又一个的工业部门,而首先是占领原料加工部门。早在 19 世纪 90 年代初,在组织焦炭辛迪加(后来的煤业辛迪加就是仿照它建立的)时,卡特尔就创造了后来基本上再没有发展的组织卡特尔的技术。19 世纪末的巨大高涨和 1900—1903 年的危机,至少在采矿和钢铁工业方面,都是第一次完全在卡特尔的标志下发生的。当时人们还觉得这是一种新现象,而现在社会上则普遍认为,经济生活的重大方面通常不受自由竞争的支配,是一种不言而喻的事情了。"①

---

① 泰·福格尔施泰因《资本主义工业的金融组织和垄断组织的形成》,见《社会经济概论》1914 年蒂宾根版第 6 部分。参看同一作者所著《英美钢铁工业和纺织工业的组织形式》1910 年莱比锡版第 1 卷。

综上所述,对垄断组织的历史可以作如下的概括:(1)19 世纪
60 年代和 70 年代是自由竞争发展的顶点即最高阶段。这时垄断
组织还只是一种不明显的萌芽。(2)1873 年危机之后,卡特尔有
一段很长的发展时期,但卡特尔在当时还是一种例外,还不稳固,
还是一种暂时现象。(3)19 世纪末的高涨和 1900—1903 年的危
机。这时卡特尔成了全部经济生活的基础之一。资本主义转化为
帝国主义。

卡特尔彼此商定销售条件和支付期限等等。它们彼此划分销
售地区。它们规定所生产的产品的数量。它们确定价格。它们在
各个企业之间分配利润,等等。

德国的卡特尔在 1896 年约有 250 个,在 1905 年有 385 个,参
加卡特尔的企业约有 12 000 个①。但是,大家都承认,这是缩小了
的数字。从上面引用的 1907 年的德国工业统计材料可以看出,单
是这 12 000 个最大的企业,就集中了大约占总数一半以上的蒸汽
力和电力。北美合众国的托拉斯在 1900 年是 185 个,在 1907 年
是 250 个。美国的统计把所有的工业企业分为属于个人的和属于
合伙商行、公司的。后者在 1904 年占企业总数的 23.6%,在 1909
年占 25.9%,即¼以上。这些企业的工人,在 1904 年占工人总数
的 70.6%,在 1909 年占 75.6%,即¾;产值分别是 109 亿美元和
163 亿美元,即占总产值的 73.7%和 79%。

一个工业部门的生产总量,往往有十分之七八集中在卡特尔
和托拉斯手中。莱茵—威斯特伐利亚煤业辛迪加在 1893 年成立

---

① 里塞尔博士《德国大银行及其随着德国整个经济发展而来的集中》
1912 年第 4 版第 149 页;罗·利夫曼《卡特尔与托拉斯以及国民经济
组织今后的发展》1910 年第 2 版第 25 页。

时,集中了该地区总采煤量的 86.7%,到 1910 年则已经达到
95.4%①。这样造成的垄断,保证获得巨额的收入,并导致组成规
模极大的技术生产单位。美国著名的煤油托拉斯(美孚油公司),
是 1900 年成立的。"它的资本是 15 000 万美元。当时发行了 1 亿
美元的普通股票和 10 600 万美元的优先股票。1900—1907 年,每
年支付的优先股票的股息分别为:48%、48%、45%、44%、36%、
40%、40%、40%,共计 36 700 万美元。1882—1907 年的纯利为
88 900 万美元,其中 60 600 万付股息,其余的作为后备资本。"②
"钢铁托拉斯(美国钢铁公司)所有企业的职工,在 1907 年达
210 180 人。德国采矿工业中最大的企业盖尔森基兴矿业公司
(Gelsenkirchener Bergwerksgesellschaft)在 1908 年有 46 048 名职
工。"③钢铁托拉斯在 1902 年就生产了 900 万吨钢④。它的钢产量
在 1901 年占美国全部钢产量的 66.3%,在 1908 年占 56.1%⑤。
它的矿石开采量,在 1901 年占 43.9%,在 1908 年占 46.3%。

美国政府专门委员会关于托拉斯的报告中说:"它比竞争者
优越,是因为它的企业规模大,技术装备优良。烟草托拉斯从创办
的时候起,就竭力在各方面大规模地采用机器来代替手工劳动。
为此目的,它收买了与烟草加工多少有关的一切发明专利权,在这
方面花费了巨额款项。有许多发明起初是不适用的,必须经过在

① 弗里茨·克斯特纳博士《强迫加入组织。卡特尔与局外人斗争情况的
　研究》1912 年柏林版第 11 页。
② 罗·利夫曼《参与和投资公司。对现代资本主义和有价证券业的研
　究》1909 年耶拿第 1 版第 212 页。
③ 同上,第 218 页。
④ 齐·契尔施基博士《卡特尔与托拉斯》1903 年格丁根版第 13 页。
⑤ 泰·福格尔施泰因《组织形式》第 275 页。

托拉斯供职的工程师的改进。在1906年年底设立了两个分公司，专门收买发明专利权。为了同一目的，托拉斯又设立了自己的铸造厂、机器厂和修理厂。设在布鲁克莱恩的一个这样的工厂有大约300名工人；这个厂对有关生产纸烟、小雪茄、鼻烟、包装用的锡纸和烟盒等等的发明进行试验，在这里还对各种发明进行改进。"[1]"其他托拉斯也雇有所谓技术开发工程师（developing engineers），他们的任务就是发明新的生产方法，进行技术改良的试验。钢铁托拉斯给那些在提高技术或减少费用方面有发明创造的工程师和工人以高额奖金。"[2]

德国的大工业，例如近几十年来获得巨大发展的化学工业，也是这样组织技术改良工作的。到1908年，生产集中的过程已经在这个工业中造成了两大"集团"，它们也都按自己的方式逐步走向垄断。起初，这两个集团都是由两对大工厂组成的"双边联盟"，各有资本2 000万—2 100万马克：一对是美因河畔赫希斯特的前行东……颜料厂和美因河畔法兰克福的卡塞拉公司；另一对是路德维希港苯胺苏打厂和爱北斐特的前拜尔公司。后来，一个集团在1905年，另一个集团在1908年，又各同另一个大工厂达成了协议。结果构成了两个"三边联盟"，各有资本4 000万—5 000万马克，而且这两个"联盟"已经开始"接近"，"商定"价格等等。[3]

竞争转化为垄断。生产的社会化有了巨大的进展。就连技术

---

[1] 《专门委员会委员关于烟草工业联合公司的报告》1909年华盛顿版第266页。——引自保尔·塔弗尔博士《北美托拉斯及其对技术进步的影响》一书，1913年斯图加特版第48页。

[2] 同上，第48—49页。

[3] 里塞尔的上述著作第3版第547页及以下各页。据报纸报道（1916年6月），新近又成立了一个把德国整个化学工业联合起来的大型托拉斯。

发明和技术改进的过程也社会化了。

从前是各个业主自由竞争,他们是分散的,彼此毫不了解,他们进行生产都是为了在情况不明的市场上去销售,现在则完全不同了。集中已经达到了这样的程度,可以对本国的,甚至像下面所说的,对许多国家以至全世界所有的原料来源(例如蕴藏铁矿的土地)作出大致的估计。现在不但进行这样的估计,而且这些来源完全操纵在一些大垄断同盟的手里。这些同盟对市场的容量也进行大致的估计,并且根据协议"瓜分"这些市场。它们垄断熟练的劳动力,雇用最好的工程师,霸占交通线路和交通工具,如美国的铁路、欧美的轮船公司。帝国主义阶段的资本主义紧紧接近最全面的生产社会化,它不顾资本家的愿望与意识,可以说是把他们拖进一种从完全的竞争自由向完全的社会化过渡的新的社会秩序。

生产社会化了,但是占有仍然是私人的。社会化的生产资料仍旧是少数人的私有财产。在形式上被承认的自由竞争的一般架子依然存在,而少数垄断者对其余居民的压迫却更加百倍地沉重、显著和令人难以忍受了。

德国经济学家克斯特纳写了一本专论"卡特尔与局外人斗争情况"的著作,所谓"局外人",就是未加入卡特尔的企业家。他给这本著作取名为《强迫加入组织》,其实,如果不粉饰资本主义,就应当说是强迫服从垄断者同盟。单是看看垄断者同盟为了这种"组织"而采取的种种现代的、最新的、文明的斗争手段,也是大有教益的。这些手段有:(1)剥夺原料("……强迫加入卡特尔的主要手段之一");(2)用"同盟"方法剥夺劳动力(即资本家和工会订立合同,使工会只接受卡特尔化企业的工作);(3)剥夺运输;

(4)剥夺销路;(5)同买主订立合同,使他们只同卡特尔发生买卖关系;(6)有计划地压低价格(为了使"局外人"即不服从垄断者的企业破产,不惜耗费巨资,在一段时间内按低于成本的价格出售商品。在汽油工业中就有过这样的例子:把价格从40马克压到22马克,差不多压低了一半!);(7)剥夺信贷;(8)宣布抵制。

现在已经不是小企业同大企业、技术落后的企业同技术先进的企业进行竞争。现在已经是垄断者在扼杀那些不屈服于垄断、不屈服于垄断的压迫和摆布的企业了。下面就是这一过程在一位资产阶级经济学家意识中的反映。

克斯特纳写道:"甚至在纯粹经济的活动方面,也在发生某种转变,原先意义上的商业活动转变为投机组织者的活动。获得最大成就的,不是最善于根据自己的技术和商业经验来判断购买者需要,找到并且可以说是'开发'潜在需求的商人,而是那些善于预先估计到,或者哪怕只是嗅到组织上的发展,嗅到某些企业与银行可能发生某种联系的投机天才〈?!〉……"

译成普通人的语言,这就是说:资本主义已经发展到这样的程度,商品生产虽然依旧"占统治地位",依旧被看做全部经济的基础,但实际上已经被破坏了,大部分利润都被那些干金融勾当的"天才"拿去了。这种金融勾当和欺骗行为的基础是生产社会化,人类历尽艰辛所达到的生产社会化这一巨大进步,却造福于……投机者。下面我们会看到,那些对资本帝国主义作小市民式的反动批评的人,怎样"根据这一点"而梦想**开倒车**,恢复"自由的"、"和平的"、"诚实的"竞争。

克斯特纳说:"由卡特尔的组成引起的价格长期上涨,至今还只出现在最重要的生产资料方面,特别是煤、铁和钾碱等方面,而在成品方面则从来没有过。随之而来的收益的增加,同样也只限于生产生产资料的工业。对此还要作一点补充:原料(而不是半成品)加工工业不仅因组成卡特尔而获得高额利润,使进一步加工半成品的工业受到损失,而且它还取得了对这一工业的一定的**统治关系**,这是自由竞争时代所没有的。"①

我们作了着重标记的几个字,说明了问题的实质,这个实质是资产阶级经济学家很不愿意而且很少承认的,也是以卡·考茨基为首的当代的机会主义辩护士所竭力支吾搪塞、避而不谈的。统治关系和由此产生的强制,正是"资本主义发展的最新阶段"的典型现象,正是势力极大的经济垄断组织的形成所必然引起而且已经引起的结果。

我们再举一个说明卡特尔如何经营的例子。凡是可以把全部或主要的原料产地抓在手里的地方,卡特尔的产生和垄断组织的形成就特别容易。但是,如果以为在无法霸占原料产地的其他工业部门中不会产生垄断组织,那就错了。水泥工业的原料是到处都有的。但是在德国,就连这个工业也高度卡特尔化了。水泥厂联合成了区域性的辛迪加,如南德辛迪加、莱茵—威斯特伐利亚辛迪加等等。规定了垄断价格:成本为 180 马克的一车皮水泥,售价竟达 230—280 马克! 企业支付 12%—16% 的股息,而且不要忘记,现代的投机"天才"除分得股息之外,还能使大量的利润滚进自己的腰包。为了从如此盈利的工业部门中排除竞争,垄断者甚至使用各种诡计:散布谣言,说水泥工业情况很坏;在报上登匿名广告说,"资本家们! 当心,别在水泥业投资!";最后是收买没有

---

① 克斯特纳的上述著作第 254 页。

参加辛迪加的"局外人"的企业,付给他们6万、8万至15万马克的"出让费"①。垄断组织在一切地方用一切办法为自己开辟道路,从偿付"微薄的"出让费起,直到像美国那样"使用"炸药对付竞争者为止。

用卡特尔消除危机是拼命为资本主义涂脂抹粉的资产阶级经济学家的无稽之谈。相反,在**几个**工业部门中形成的垄断,使**整个**资本主义生产所特有的混乱现象更加厉害,更加严重。作为一般资本主义特点的农业和工业发展不相适应的现象,变得更加严重了。卡特尔化程度最高的所谓**重**工业,尤其是煤铁工业的特权地位,使其余工业部门"更加严重地缺乏计划性",正如论述"德国大银行与工业的关系"的最佳著作之一的作者耶德尔斯所承认的那样②。

资本主义的无耻的辩护士利夫曼说:"国民经济愈发展,就愈是转向更带冒险性的企业或国外的企业,转向需要长时间才能发展的企业,或者转向那些只有地方意义的企业。"③冒险性的增大,归根到底是同资本的大量增加有关,资本可以说是漫溢出来而流向国外,如此等等。同时,技术的加速发展,又使国民经济各部门不相适应的因素、混乱和危机的因素日益增加。同一个利夫曼不得不承认说:"大概在不久的将来,人类又会碰到技术方面的一些也会影响到国民经济组织的大变革"……如电力、航空……"在

---

① 路·埃施韦格《水泥》,见1909年《银行》杂志**17**第1期第115页及以下各页。
② 耶德尔斯《德国大银行与工业的关系,特别是与冶金工业的关系》**18**1905年莱比锡版第271页。
③ 利夫曼《参与和投资公司》第434页。

发生这种根本性的经济变动的时候,通常而且照例会有很厉害的投机事业发展起来……"①

　　危机(各种各样的危机,最常见的是经济危机,但不是只有经济危机)又大大加强了集中和垄断的趋势。我们知道,1900年的危机,是现代垄断组织史上的转折点。关于这次危机的意义,耶德尔斯有一段非常值得注意的论断:

　　"遭到1900年危机的,除了各主要工业部门的大型企业以外,还有许多在今天说来结构上已经过时了的'单纯'企业〈即没有联合起来的企业〉,它们是乘着工业高涨的浪头浮上来的。价格的跌落,需求的减少,使这些'单纯'企业陷于灾难的境地,这种情况,大型的联合企业或者根本没有遇到过,或者仅仅在极短的时期内碰到过。因此,1900年的危机引起的工业集中,其程度远远超过了1873年的危机。1873年的危机虽然也起了一种淘汰作用,使一些较好的企业保存下来,但是在当时的技术水平下,这种淘汰并没有能够使那些顺利地度过危机的企业获得垄断地位。长期地占据这种垄断地位的,是现在的钢铁工业和电力工业中的大型企业(因为它们的技术复杂,组织分布很广,资本雄厚),而且垄断程度很高;其次是机器制造业以及冶金工业、交通运输业等某些部门的企业,不过垄断程度较低。"②

　　垄断正是"资本主义发展的最新阶段"的最新成就。但是,如果我们不注意到银行的作用,那我们对于现代垄断组织的实际力量和意义的认识,就会是极不充分、极不完全和极其不足的。

――――――――――

①　利夫曼《参与和投资公司》第465—466页。
②　耶德尔斯的著作第108页。

二 银行和银行的新作用

　　银行基本的和原来的业务是在支付中起中介作用。这样,银行就把不活动的货币资本变为活动的即生利的资本,把各种各样的货币收入汇集起来交给资本家阶级支配。

　　随着银行业的发展及其集中于少数机构,银行就由中介人的普通角色发展成为势力极大的垄断者,它们支配着所有资本家和小业主的几乎全部的货币资本,以及本国和许多国家的大部分生产资料和原料产地。为数众多的普通中介人成为极少数垄断者的这种转变,是资本主义发展成为资本帝国主义的基本过程之一,因此,我们应当首先来谈一谈银行业的集中。

　　在1907—1908年度,德国所有资本在100万马克以上的股份银行,共有存款70亿马克;到1912—1913年度,已达98亿马克。5年中增加了40%,而且这新增加的28亿马克中,有275 000万马克属于57家资本在1 000万马克以上的银行。存款在大小银行中的分配情形如下①:

---

① 阿尔弗勒德·兰斯堡《五年来的德国银行业》,见1913年《银行》杂志第8期第728页。

在存款总额中所占的百分比

	柏林9家大银行	其余48家资本在1 000万马克以上的银行	115家资本在100万—1 000万马克的银行	资本不到100万马克的小银行
1907—1908年度……	47	32.5	16.5	4
1912—1913年度……	49	36	12	3

　　小银行被大银行排挤,大银行当中仅仅9家银行就差不多集中了所有存款的一半。但是,这里还有许多情况没有考虑进去,例如有许多小银行实际上成了大银行的分行,等等。关于这些下面就要讲到。

　　据舒尔采-格弗尼茨计算,1913年底,存款总额约为100亿马克,而柏林9家大银行就占了51亿马克。[19]这位作者不仅注意到存款,而且注意到全部银行资本,他写道:"1909年年底,柏林9家大银行**及其附属银行**,支配着113亿马克,即约占德国银行资本总额的83%。德意志银行(Deutsche Bank)**及其附属银行**支配着约30亿马克,与普鲁士国有铁路管理局同为旧大陆上资本聚集最多、而且分权程度很高的企业。"①

　　我们在提到"附属"银行的地方用了着重标记,因为这是最新资本主义集中的最重要的特点之一。大企业,尤其是大银行,不仅直接吞并小企业,而且通过"参与"它们的资本、购买或交换股票,通过债务关系体系等等来"联合"它们,征服它们,吸收它们加入"自己的"集团,用术语说,就是加入自己的康采恩。利夫曼教授

①　舒尔采-格弗尼茨《德国信用银行》,见《社会经济概论》1915年蒂宾根版第12页和第137页。

写了一本 500 页的大"著作",描述现代的参与和投资公司①,可惜,这本书里给那些往往未经消化的原始材料加上了十分低劣的"理论"推断。**20**关于这种"参与"制在集中方面造成的结果怎样,说得最清楚的是银行"活动家"里塞尔那本论德国大银行的著作**21**。但是,在引用他的材料之前,我们先举一个"参与"制的具体例子。

德意志银行集团,在所有大银行集团当中,不说是最大的集团,也是最大的集团之一。要弄清楚把这一集团所有的银行联系在一起的主要线索,应当区分第一级、第二级和第三级的"参与",或者说是第一级、第二级和第三级的依附(比较小的银行对德意志银行的依附)。具体情况如下②:

德意志银行		第一级依附:	第二级依附:	第三级依附:
	始终参与……	17 家银行;	其中有 9 家又参与 34 家银行;	其中有 4 家又参与 7 家银行
	不定期参与……	5 家银行;	——	——
	间或参与……	8 家银行;	其中有 5 家又参与 14 家银行;	其中有 2 家又参与 2 家银行
	共　计……	30 家银行;	其中有 14 家又参与 48 家银行;	其中有 6 家又参与 9 家银行

在"间或"隶属于德意志银行的 8 家"第一级依附"的银行中,有 3 家国外银行:一家是奥地利的(维也纳的联营银行——Bank-verein),两家是俄国的(西伯利亚商业银行和俄国对外贸易银

---

① 罗·利夫曼《参与和投资公司。对现代资本主义和有价证券业的研究》1909 年耶拿第 1 版第 212 页。
② 阿尔弗勒德·兰斯堡《德国银行业中的参与制》,见 1910 年《银行》杂志第 1 期第 500 页。

行)。直接和间接地、全部和局部地加入德意志银行集团的,共有87家银行,这个集团所支配的资本,包括自己的和他人的,共有20亿—30亿马克。

一家银行既然领导着这样一个集团,并且同其他6家稍小一点的银行达成协议,来办理公债之类的特别巨大、特别有利的金融业务,那么很明显,这家银行已经不仅仅扮演"中介人"的角色,而成了极少数垄断者的同盟。

从下面我们简略地摘引的里塞尔的统计材料可以看出,正是在19世纪末和20世纪初,德国银行业的集中发展得多么迅速:

柏林6家大银行拥有的机构

年份	在德国的 分 行	存款部和 兑 换 所	始终参与的 德国股份银行	机构总数[22]
1895……	16	14	1	42
1900……	21	40	8	80
1911……	104	276	63	450

我们看到,银行渠道的密网扩展得多么迅速,它布满全国,集中所有的资本和货币收入,把成千上万分散的经济变成一个统一的全国性的资本主义经济,并进而变成世界性的资本主义经济。舒尔采-格弗尼茨在上面那段引文中代表现代资产阶级政治经济学所说的那个"分权",实际上却是愈来愈多的从前比较"独立的"、确切些说是地方性的同外界隔绝的经济单位,隶属于一个统一的中心。其实,这是**集权**,是垄断巨头的作用、意义和实力的加强。

在比较老的资本主义国家中,这种"银行网"更密。英国,包括爱尔兰,1910年所有银行的分行共有7 151个。其中4家大银行各有 400 个以上的分行（447 个至 689 个），另外还有 4 家大银行各有 200 多个分行，11 家银行各有 100 多个分行。

法国三家最大的银行里昂信贷银行、国民贴现银行和总公司[23]的业务和分行网发展的情形如下[①]：

	分 行 和 部 所 数 目			资 本 额（单位百万法郎）	
	在地方上	在巴黎	共计	自有的	他人的
1870 年……	47	17	64	200	427
1890 年……	192	66	258	265	1 245
1909 年……	1 033	196	1 229	887	4 363

为了说明现代大银行"联系"的特点，里塞尔引用了德国和全世界最大的银行之一贴现公司（Disconto-Gesellschaft）（它的资本在 1914 年已经达到 3 亿马克）收发信件的统计数字：

	信 件 数 目	
	收到的	发出的
1852 年…………	6 135	6 292
1870 年…………	85 800	87 513
1900 年…………	533 102	626 043

巴黎大银行里昂信贷银行的账户数目：在 1875 年是 28 535 个，而在 1912 年就增加到 633 539 个。[②]

这些简单的数字，也许比长篇大论更能清楚地表明：随着资本的集中和银行周转额的增加，银行的作用根本改变了。分散的资本家合成了一个集体的资本家。银行为某些资本家办理往来账，似乎是在从事一种纯粹技术性的、完全辅助性的业务。而当这种

---

① 欧根·考夫曼《法国银行业》1911 年蒂宾根版第 356 页和第 362 页。
② 让·莱斯居尔《法国储蓄业》1914 年巴黎版第 52 页。

业务的范围扩展到很大的时候,极少数垄断者就控制整个资本主义社会的工商业业务,就能通过银行的联系,通过往来账及其他金融业务,首先**确切地了解**各个资本家的业务状况,然后加以**监督**,用扩大或减少、便利或阻难信贷的办法来影响他们,以至最后**完全决定**他们的命运,决定他们的收入,夺去他们的资本,或者使他们有可能迅速而大量地增加资本等等。

我们刚才谈到柏林的贴现公司有3亿马克的资本。贴现公司资本增加的经过,是柏林两家最大的银行——德意志银行和贴现公司争夺霸权斗争中的一幕。在1870年,德意志银行还是一家新银行,资本只有1 500万马克,贴现公司有3 000万马克。在1908年,前者有资本2亿,后者有资本17 000万。到1914年,前者的资本增加到25 000万,后者因为同另一家第一流的大银行沙夫豪森联合银行合并,资本就增加到了3亿。当然,在进行这种争夺霸权的斗争的同时,这两家银行也订立愈来愈频繁、愈来愈巩固的"协定"。这种发展的进程,使得那些在观察经济问题时决不越出最温和、最谨慎的资产阶级改良主义范围的银行专家,也不得不作出如下的结论。

德国的《银行》杂志就贴现公司资本增加到3亿马克这一点写道:"其他银行也会跟着走上这条道路的,现在在经济上统治着德国的300人,将会逐渐减到50人、25人甚至更少一些。不要以为最新的集中运动将仅限于银行业。各个银行间的紧密联系,自然会使这些银行所保护的工业家的辛迪加也接近起来…… 会有一天,我们一觉醒来,将惊奇地发现我们面前尽是托拉斯,到那时我们必须以国家垄断来代替私人垄断。然而,除了听凭事情自由发展、让股票稍稍加速这种发展以外,我们实在是没有什么别的可以责备自己的。"①

这段话是资产阶级政论界束手无策的典型表现，而资产阶级学术界不同的地方，就在于后者不那么坦率，力图掩饰事情的本质，让人只见树木，不见森林。看见集中的后果而感觉"惊奇"，"责备"资本主义德国的政府或资本主义的"社会"（"我们"），害怕采用股票会"加速"集中，例如德国的一个"卡特尔问题"专家契尔施基就害怕美国托拉斯，"宁愿"要德国的卡特尔，因为德国的卡特尔似乎"不会像托拉斯那样过分地加速技术和经济的进步"②，——这难道不是束手无策的表现吗？

但是，事实终归是事实。德国没有托拉斯，"只"有卡特尔，但**统治**德国的，不超过 300 个资本巨头。而且这些巨头的人数还在不断地减少。在任何情况下，在一切资本主义国家，不管有什么样不同的银行法，银行总是大大地加强并加速资本集中和垄断组织形成的过程。

半个世纪以前马克思就在《资本论》里写过："银行制度同时也提供了社会范围的公共簿记和生产资料的公共分配的形式，但只是形式而已。"（俄译本第 3 卷下册第 144 页③）我们所引用的关于银行资本的增长、关于最大银行的分支机构数目及其账户数目的增加等材料，都具体地让我们看到了**整个**资本家阶级的这种"公共簿记"，而且不仅是资本家阶级的"公共簿记"，因为银行所收集的（即使是暂时收集的），是各种各样的货币收入，其中也有

① 阿·兰斯堡《一家有 3 亿资本的银行》，见 1914 年《银行》杂志第 1 期第 426 页。
② 齐·契尔施基的上述著作第 128 页。
③ 见《马克思恩格斯文集》第 7 卷第 686 页。——编者注

小业主的,也有职员的,也有极少数上层工人的。"生产资料的公共分配",从形式上看来,是从现代银行中**生长出来的**;这种最大的银行在法国不过 3 家到 6 家,在德国有 6 家到 8 家,它们支配着几十亿几十亿的款额。但是,生产资料的这种分配,就其**内容**来说,决不是"公共的",而是私人的,也就是说,是符合大资本(首先是最大的、垄断的资本)的利益的,因为大资本正是在民众挨饿,农业的整个发展无可救药地落后于工业的发展,工业中"重工业"向其他一切工业部门收取贡赋的条件下活动的。

在资本主义经济社会化方面,储金局和邮政机构开始同银行竞争,它们是更加"分权"的,也就是说,它们把更多的地区、更多的偏僻地方和更广大的居民群众纳入自己的势力范围。下面是美国的一个委员会收集的对比银行和储金局存款增加情况的统计材料①:

存 款（单 位 十 亿 马 克）

	英 国		法 国		德 国		
	银行存款	储金局存款	银行存款	储金局存款	银行存款	信贷协会存款	储金局存款
1880 年…………	8.4	1.6	?	0.9	0.5	0.4	2.6
1888 年…………	12.4	2.0	1.5	2.1	1.1	0.4	4.5
1908 年…………	23.2	4.2	3.7	4.2	7.1	2.2	13.9

储金局为了支付 4% 和 4.25% 的存款利息,就必须给自己的资本找到"有利的"投资场所,如从事票据、抵押等业务。银行和储金局之间的界限"日益消失"。例如波鸿和爱尔福特的商会,就要求"禁止"储金局经营票据贴现之类的"纯"银行业务,要求限制

---

① 美国全国金融委员会的材料,见 1910 年《银行》杂志第 2 期第 1200 页。

邮政机构经营"银行"业务①。银行大王好像是在担心国家垄断会不会从意料不到的地方悄悄地钻到他们身旁。不过,这种担心当然没有超出可以说是一个办事处的两个科长之间的竞争。因为储金局的几十亿资本,实际上归根到底是由**同一些**银行资本巨头们支配的,这是一方面;另一方面,在资本主义社会里,国家的垄断不过是提高和保证某个工业部门快要破产的百万富翁的收入的一种手段罢了。

自由竞争占统治地位的旧资本主义,被垄断占统治地位的新资本主义所替代,还表现在交易所作用的降低上面。《银行》杂志写道:"交易所早已不再是必要的流通中介人了,它过去曾经是,因为过去银行还不能把发行的大部分有价证券推销到自己的顾客中间去。"②

"'任何银行都是交易所',——这是一句现代的名言。银行愈大,银行业的集中愈有进展,这句名言所包含的真理也愈多。"③"从前,在70年代,像年轻人那样放荡的交易所〈这是对1873年交易所的崩溃**24**,对滥设投机公司的丑事**25**等等所作的一种"微妙的"暗示〉,开辟了德国的工业化时代,而现在银行和工业已经能'独立应付'了。我国大银行对交易所的统治……正表明德国是一个十分有组织的工业国。如果说这样就缩小了自动起作用的经济规律的作用范围,而大大扩大了通过银行进行有意识的调节的范围,那么少数领导人在国民经济方面所负的责任也就因此而大

---

① 美国全国金融委员会的材料,见1913年《银行》杂志第811、1022页;1914年第713页。
② 1914年《银行》杂志第1期第316页。
③ 奥斯卡尔·施蒂利希博士《货币银行业》1907年柏林版第169页。

大加重了。"①——德国教授舒尔采-格弗尼茨就是这样写的,这位教授是德国帝国主义的辩护士,是各国帝国主义者眼中的权威,他力图抹杀一件"小事情",即这种通过银行进行的"有意识的调节",就是由极少数"十分有组织的"垄断者对大众的掠夺。资产阶级教授的任务不是暴露全部内幕,不是揭穿银行垄断者的种种勾当,而是加以粉饰。

一位更有威望的经济学家和银行"活动家"里塞尔也完全一样,他用一些言之无物的空话来回避无可否认的事实:"交易所正在愈来愈失去为整个经济和有价证券流通所绝对必需的性能,即不仅作为汇集到它那里的各种经济运动的最准确的测量器,而且作为对这些经济运动几乎自动起作用的调节器。"②

换句话说,旧的资本主义,即绝对需要交易所作为自己的调节器的自由竞争的资本主义,正在成为过去。代替它的是新的资本主义,这种新的资本主义带有某种过渡性事物、某种自由竞争和垄断混合物的鲜明特征。人们自然要问,这种最新的资本主义是在**向哪里**"过渡"呢? 但这个问题资产阶级学者是不敢提出的。

"在 30 年前,不属于'工人'体力劳动范围以内的经济工作,$^9/_{10}$ 都是由自由竞争的企业家来做的。现在,这种经济上的脑力工作 $^9/_{10}$ 都是由**职员们**来担任了。在这一发展中处于领先地位的是银行业。"③舒尔采-格弗尼茨的这种供认,使人们又再次触及这样

---

① 舒尔采-格弗尼茨《德国信用银行》,见《社会经济概论》1915 年蒂宾根版第 101 页。
② 里塞尔的上述著作第 4 版第 629 页。
③ 舒尔采-格弗尼茨《德国信用银行》,见《社会经济概论》1915 年蒂宾根版第 151 页。

一个问题:最新的资本主义,即帝国主义阶段的资本主义,究竟是向哪里去的过渡呢? ———

在少数几个经过集中过程而仍然在整个资本主义经济中处于领先地位的银行中间,达成垄断协议、组织**银行托拉斯**的倾向自然愈来愈明显,愈来愈强烈。美国现在已经不是 9 家,而是 **2 家**最大的银行,即亿万富翁洛克菲勒和摩根的银行,控制着 110 亿马克的资本①。在德国,我们上面指出的贴现公司吞并沙夫豪森联合银行的事实,引起了代表交易所利益的《法兰克福报》[26]如下的一段评论:

"随着银行的日益集中,只能向愈来愈少的机构请求贷款了,这就使大工业更加依赖于少数几个银行集团。在工业同金融界联系密切的情况下,需要银行资本的那些工业公司活动的自由受到了限制。因此,大工业带着错综复杂的感情看待银行的日益托拉斯化〈联合成或转变为托拉斯〉;的确,我们已经多次看到各大银行康采恩之间开始达成某种限制竞争的协议。"②

银行业发展的最新成就还是垄断。

说到银行和工业的密切联系,那么,正是在这一方面,银行的新作用恐怕表现得最明显。银行给某个企业主贴现票据,给他开立往来账户等等,这些业务单独地来看,一点也没有减少这个企业主的独立性,银行也没有越出普通的中介人作用的范围。可是,如果这些业务愈来愈频繁、愈来愈加强,如果银行把大量资本"收集"在自己手里,如果办理某个企业的往来账使银行能够愈来愈

① 1912 年《银行》杂志第 1 期第 435 页。

② 转引自舒尔采–格弗尼茨的著作,见《社会经济概论》第 155 页。

详细和充分地了解它的顾客的经济状况（事实上也确实如此），那么，结果就是工业资本家愈来愈完全依赖于银行。

同时，银行同最大的工商业企业之间的所谓人事结合也发展起来，双方通过占有股票，通过银行和工商业企业的经理互任对方的监事（或董事），而日益融合起来。德国经济学家耶德尔斯搜集了关于这种形式的资本集中和企业集中的极为详细的材料。柏林 6 家最大的银行由经理做代表，参加了 **344 个**工业公司，又由董事做代表，参加了 **407 个**公司，一共参加了 **751 个**公司。它们在 **289 个**公司中各有两个监事，或者占据了监事长的位置。在这些工商业公司中，有各种各样的行业，如保险业、交通运输业、饭馆、戏院、工艺美术业等等。另一方面，在这 6 家银行的监事会中（在 1910 年）有 51 个最大的工业家，其中有克虏伯公司的经理、大轮船公司汉堡—美洲包裹投递股份公司（Hamburg—Amerika）的经理等等。在 1895—1910 年间，这 6 家银行中的每一家银行都参加了替数百个（281 个至 419 个）工业公司发行股票和债券的工作①。

除银行同工业的"人事结合"以外，还有这些或那些公司同政府的"人事结合"。耶德尔斯写道："它们自愿把监事职位让给有声望的人物和过去的政府官吏，这些人可以使公司在同当局打交道的时候得到不少方便〈!!〉……""在大银行的监事会里，常有国会议员或柏林市议会的议员。"

可见，所谓大资本主义垄断组织正在通过一切"自然的"和"超自然的"途径十分迅速地创立和发展起来。现代资本主义社

①　耶德尔斯的上述著作和里塞尔的上述著作。

会中几百个金融大王之间的某种分工正在有步骤地形成：

"除了某些大工业家活动范围的这种扩大〈如加入银行董事会等等〉以及地方银行经理分别专管某一工业区以外，大银行领导人的专业化也有所加强。这样的专业化，只有在整个银行企业的规模很大，尤其是在银行同工业的联系很广的时候，才能设想。这种分工是在两个方面进行的：一方面，把联系整个工业界的事情交给一个经理去做，作为他的专职；另一方面，每个经理都负责监督几个企业或几组在行业上、利益上彼此相近的企业〈资本主义已经发展到可以有组织地**监督**各个企业的程度了〉。某个经理专门管德国工业，甚至专门管德国西部的工业〈德国西部是德国工业最发达的区域〉，另一些经理则专门负责同外国和外国工业联系，了解工业家等等的个人的情况，掌管交易所业务等等。此外，银行的每个经理又往往专管某个地方或某个工业部门：有的主要是在电力公司监事会里工作，有的是在化学工厂、啤酒厂或制糖厂里工作，有的是在少数几个孤立的企业中工作，同时又参加保险公司监事会……　总而言之，在大银行里，随着银行业务的扩大和业务种类的增多，领导人的分工无疑也就更加细密，其目的（和结果）是使他们稍微超出纯银行业务的范围，使他们对工业的一般问题以及各个工业部门的特殊问题更有判断力，更加懂行，培养他们在银行势力所及的工业部门中进行活动的能力。除了这一套办法以外，银行还竭力挑选熟悉工业的人物，挑选企业家、过去的官吏、特别是在铁路和采矿部门中工作过的官吏，来参加本银行的监事会"等等。①

----

① 耶德尔斯的上述著作第 156—157 页。

在法国银行业里,也有这一类的机构,不过形式稍微有点不同。例如,法国三家最大的银行之一里昂信贷银行,设立了一个专门的金融情报收集部(service des études financières)。在那里工作的经常有50多个工程师、统计学家、经济学家和法学家等等。这个机构每年耗资60万—70万法郎。它下面又分8个科:有的科专门收集工业企业情报,有的研究一般统计,有的研究铁路和轮船公司,有的研究证券,有的研究财务报告等等。①

这样,一方面是银行资本和工业资本日益融合,或者用尼·伊·布哈林的很恰当的说法,日益长合在一起,另一方面是银行发展成为具有真正"包罗一切的性质"的机构。我们认为有必要引用在这方面最有研究的作家耶德尔斯对这个问题的准确的说法:

"我们考察了全部工业联系,结果发现那些为工业工作的金融机构具有**包罗一切的性质**。大银行同其他形式的银行相反,同某些著作中提出的银行应当专门从事某一方面业务或某一工业部门工作,以免丧失立脚点这样的要求相反,力求在尽可能不同的地区和行业同工业企业发生联系,力求消除各个地方或各个工业部门因各个企业历史情况不同而形成的资本分配不均现象。""一种趋势是使银行同工业的联系成为普遍的现象,另一种趋势是使这种联系更加巩固和加强;这两种趋势在六大银行中虽然没有完全实现,但是已经在同样程度上大规模地实现了。"

在工商界经常听到有人抱怨银行的"恐怖主义"。既然大银行像下面的例子所表明的那样"发号施令",那么听到这样的抱怨

---

① 欧·考夫曼关于法国银行的文章,见1909年《银行》杂志第2期第851页及以下各页。

也就不奇怪了。1901 年 11 月 19 日，柏林所谓 **D** 字银行（4 家最大银行的名称都是以字母 **D** 开头的）之一，给西北德—中德水泥辛迪加管理处写了这样一封信："兹阅贵处本月 18 日在某报上登载的通知，我们不得不考虑到贵辛迪加定于本月 30 日召开的全体大会，可能通过一些改革贵企业而为敝行所不能接受的决议。因此我们深感遗憾，不得不停发贵辛迪加所享有的贷款……　但如此次大会不通过敝行不能接受的决议，并向敝行提出将来也不通过这种决议的相应保证，敝行仍愿就给予贵辛迪加以新的贷款问题举行谈判。"①

其实，这也是小资本对大资本的压迫发出的抱怨，不过这里列入"小"资本的是整整一个辛迪加罢了！大小资本之间过去的那种斗争，又在一个新的、高得多的发展阶段上重演了。当然，拥有亿万巨资的大银行企业，也能用从前远不能相比的办法来推动技术的进步。例如，银行设立了各种专门的技术研究会，研究成果当然只能由"友好的"工业企业来享用。这一类机构有电气铁路问题研究会、中央科学技术研究所等等。

大银行的领导人自己不会看不到，国民经济中正在出现一些新的情况，但是他们在这些情况面前束手无策。

耶德尔斯写道："凡是近几年来注意大银行经理和监事人选变更情形的人，都不会不觉察到，权力逐渐转到了一些认为积极干预工业的总的发展是大银行必要的、愈来愈迫切的任务的人物手中，于是这些人和老的银行经理在业务方面，往往也在个人方面意见愈来愈分歧。实质的问题是：银行这种信贷机构会不会因为干

---

① 奥斯卡尔·施蒂利希博士《货币银行业》1907 年柏林版第 147 页。

预工业生产过程而受到损失,会不会因为从事这种同信贷中介作用毫不相干的业务,从事这种会使它比从前更受工业行情的盲目支配的业务,而牺牲掉自己的稳固的原则和可靠的利润。许多老的银行领导人都说会这样。但是,大部分年轻的领导人却认为积极干预工业问题是必然的,正像随着现代大工业的出现必然会产生大银行和最新的工业银行业一样。双方的意见只有一点相同,就是大家都认为大银行的新业务还没有什么固定的原则和具体的目的。"①

旧资本主义已经过时了。新资本主义是向某方面的过渡。想找到什么"固定的原则和具体的目的"来"调和"垄断和自由竞争,当然是办不到的事情。实践家的自白,听起来和舒尔采-格弗尼茨、利夫曼之流的"理论家"的颂扬完全不同,这些资本主义的辩护士是在用官场口吻颂扬"有组织的"资本主义的美妙。

大银行的"新业务"究竟是什么时候完全确立起来的,——对于这个重要问题,我们可以从耶德尔斯那里找到相当确切的答案:

"工业企业间的联系及其新的内容、新的形式、新的机构即既集权又分权的大银行,成为国民经济的有代表性的现象,大概不会早于19世纪90年代;在某种意义上,甚至可以把这个起点推到1897年,当时许多企业实行了大'合并',从而根据银行的工业政策第一次采用了分权组织的新形式。也许还可以把这个起点推到更晚一些的时候,因为只有1900年的危机才大大加速了工业和银行业的集中过程,巩固了这个过程,第一次把同工业的关系变成大

---

① 耶德尔斯的上述著作第183——184页。

银行的真正垄断,并大大地密切了和加强了这种关系。"①

　　总之,20世纪是从旧资本主义到新资本主义,从一般资本统治到金融资本统治的转折点。

---

①　耶德尔斯的上述著作第181页。

三　金融资本和金融寡头

希法亭写道:"愈来愈多的工业资本不属于使用这种资本的工业家了。工业家只有通过银行才能取得对资本的支配权,对于工业家来说,银行代表这种资本的所有者。另一方面,银行也必须把自己愈来愈多的资本固定在工业上。因此,银行愈来愈变成工业资本家。通过这种方式实际上变成了工业资本的银行资本,即货币形式的资本,我把它叫做金融资本。""金融资本就是由银行支配而由工业家运用的资本。"[1]

这个定义不完全的地方,就在于它没有指出最重要的因素之一,即生产和资本的集中发展到了会导致而且已经导致垄断的高度。但是,在希法亭的整个叙述中,尤其是在我摘引这个定义的这一章前的两章里,着重指出了**资本主义垄断组织**的作用。

生产的集中;从集中生长起来的垄断;银行和工业日益融合或者说长合在一起,——这就是金融资本产生的历史和这一概念的内容。

现在我们应当来叙述一下,在商品生产和私有制的一般环境里,资本主义垄断组织的"经营"怎样必然变为金融寡头的统治。

---

[1]　鲁·希法亭《金融资本》1912年莫斯科版第338—339页。

应当指出,德国(而且不只是德国)资产阶级学术界的代表人物,如里塞尔、舒尔采-格弗尼茨、利夫曼等人,完全是帝国主义和金融资本的辩护士。对于寡头形成的"内幕",寡头所采用的手段,寡头所获得的"正当和不正当"收入的数量,寡头和议会的联系等等,他们不是去揭露,而是加以掩盖和粉饰。他们避开这些"棘手的问题",只讲一些堂皇而含糊的词句,号召银行经理们拿出"责任心",赞扬普鲁士官员们的"尽职精神",煞有介事地分析那些根本无关紧要的"监督"法案、"管理"法案的细枝末节,玩弄无谓的理论游戏,例如利夫曼教授居然写出了这样一个"科学的"定义:"……**商业是收集财富、保管财富、把财富供人支配的一种经营活动**"①(着重号和黑体是该教授著作中原有的)……　这样说来,商业在不知交换为何物的原始人那里就已经有了,而且在社会主义社会也将存在下去!

　　但是,有关金融寡头骇人听闻的统治的骇人听闻的事实是太触目惊心了,所以在一切资本主义国家,无论是美国、法国或德国,都出现了这样一些著作,这些著作虽然抱着**资产阶级的**观点,但毕竟还是对金融寡头作了近乎真实的描述和批评,当然是小市民式的批评。

　　应当作为主要之点提出来的是前面已经简略谈到的"参与制"。德国经济学家海曼大概是第一个注意到了这一点,请看他是怎样描述问题的实质的:

　　"领导人控制着总公司〈直译是"母亲公司"〉,总公司统治着依赖于它的公司〈"女儿公司"〉,后者又统治着'孙女公司',如此

————————————

①　罗·利夫曼的上述著作第476页。

等等。这样,拥有不太多的资本,就可以统治巨大的生产部门。事实上,拥有50%的资本,往往就能控制整个股份公司,所以,一个领导人只要拥有100万资本,就能控制各孙女公司的800万资本。如果这样'交织'下去,那么拥有100万资本就能控制1 600万、3 200万以至更多的资本。"①

其实经验证明,只要占有40%的股票就能操纵一个股份公司的业务②,因为总有一部分分散的小股东实际上根本没有可能参加股东大会等等。虽然资产阶级的诡辩家和机会主义的"也是社会民主党人"都期望(或者要别人相信他们期望)股票占有的"民主化"会造成"资本的民主化",会加强小生产的作用和意义等等,可是实际上它不过是加强金融寡头实力的一种手段而已。因此,在比较先进的或比较老、比较"有经验的"资本主义国家里,法律准许发行票额较小的股票。德国法律不准许发行1 000马克以下的股票,所以德国金融巨头看见英国法律准许发行一英镑(等于20马克,约合10卢布)的股票,就很羡慕。1900年6月7日,德国最大的工业家和"金融大王"之一西门子,在帝国国会中声称:"一英镑的股票是不列颠帝国主义的基础。"③这个商人对于什么是帝国主义这一问题的理解,同那位被认为是俄国马克思主义创始人的不光彩的作家**27**比起来,显然要深刻得多,"马克思主义"得多,那位作家竟把帝国主义看成是某个民族的劣根性……

但是,"参与制"不仅使垄断者的权力大大增加,而且还使他

---

① 汉斯·吉德翁·海曼《德国大钢铁工业中的混合企业》1904年斯图加特版第268—269页。

② 利夫曼《参与和投资公司》第1版第258页。

③ 舒尔采-格弗尼茨的话,见《社会经济概论》第5部分第2册第110页。

们可以不受惩罚地、为所欲为地干一些见不得人的龌龊勾当，可以盘剥公众，因为母亲公司的领导人在形式上，在法律上对女儿公司是不担负责任的，女儿公司算是"独立的"，但是**一切事情都可以通过女儿公司去"实施"**。下面是我们从 1914 年德国《银行》杂志5 月号抄下来的一个例子：

"卡塞尔的弹簧钢股份公司在几年以前算是德国最赚钱的企业之一。后来因为管理得很糟糕，股息从 15% 跌到 0%。原来，董事会没有通知股东就出借了**600 万马克**给自己的一个女儿公司哈西亚，而哈西亚的名义资本只有几十万马克。这笔几乎比母亲公司的股份资本大两倍的借款，根本没有记入母亲公司的资产负债表；在法律上，这样的隐瞒是完全合法的，而且可以隐瞒整整两年，因为这样做并不违反任何一条商业法。以负责人的资格在这种虚假的资产负债表上签字的监事长，至今仍旧是卡塞尔商会的会长。这笔借款被发现是个错误〈错误这两个字，作者应当加上引号〉，知道底细的人开始把'弹簧钢'的股票脱手而使股票价格几乎下跌了 100%，在这以后很久，股东们才知道有借款给哈西亚公司这回事……

这个在股份公司里极常见的、在资产负债表上玩弄平衡把戏的典型例子，向我们说明为什么股份公司董事会干起冒险勾当来，心里要比私人企业家轻松得多。编制资产负债表的最新技术，不但使董事会能够把所干的冒险勾当瞒过普通的股东，而且使主要的当事人在冒险失败的时候，能够用及时出卖股票的办法来推卸责任，而私人企业家却要用自己的性命来为自己所做的一切事情负责……

许多股份公司的资产负债表，就跟中世纪一种有名的隐迹稿本一样，要先把上面写的字迹擦掉，才能发现下面的字迹，看出原稿的真实内容。"（隐迹稿本是涂掉原来的字迹、写上别的内容的一种羊皮稿本。）

"最简单、因而也是最常用的一种把资产负债表弄得令人捉摸不透的办法，是成立女儿公司或合并女儿公司，把一个统一的企业分成几部分。从各种合法的或非法的目的看来，这种办法的好处是十分明显的，所以现在不采用这种办法的大公司简直是一种例外。"①

作者举出了著名的电气总公司（即 A.E.G.，这个公司我们以后还要讲到），作为极广泛地采用这种办法的最大垄断公司的例子。据1912年的计算，这个公司参与了**175—200** 个公司，自然也就统治了这些公司，总共掌握了大约**15亿马克**的资本。②

好心的——即怀有维护和粉饰资本主义的好心的——教授和官员们用来吸引公众注意的种种有关监督、公布资产负债表、规定一定的资产负债表格式、设立监察机构等等的条例，在这里根本不能起什么作用。因为私有财产是神圣的，谁也不能禁止股票的买卖、交换和典押等等。

"参与制"在俄国大银行里发展到怎样的程度，可以根据欧·阿加德提供的材料作出判断。阿加德曾在俄华银行²⁹任职15年，他在1914年5月出版了一本书，书名不十分贴切，叫做《大银行与世界市场》③。作者把俄国大银行分为两大类：（**a**）"参与制"下的

---

① 路·埃施韦格《女儿公司》，见 1914 年《银行》杂志第 1 期第 545 页。
② 库尔特·海尼希《电力托拉斯之路》，见 1912 年《新时代》杂志²⁸第 30 年卷第 2 册第 484 页。
③ 欧·阿加德《大银行与世界市场。从大银行对俄国国民经济和德俄两国关系的影响来看大银行在世界市场上的经济作用和政治作用》1914 年柏林版。

银行,(**b**)"独立的"银行,然而他把"独立"任意地解释为不依附于国外银行。作者又把第一类分为三小类:(1)德国参与的,(2)英国参与的,(3)法国参与的,即指分别属于这三个国家的最大的国外银行的"参与"和统治。作者把银行资本分为"生产性"的投资(投入工商业的)和"投机性"的投资(投入交易所业务和金融业务的),他抱着他那种小资产阶级改良主义的观点,认为在保存资本主义的条件下,似乎可以把第一种投资和第二种投资分开,并且消除第二种投资。

作者提供的材料如下:

各银行的资产(根据 1913 年 10—11 月的表报)

(单位百万卢布)

俄 国 银 行 种 类	所投的资本		
	生产性的	投机性的	共　计
(a1)4 家银行:西伯利亚商业银行、俄罗斯银行、国际银行、贴现银行…	413.7	859.1	1 272.8
(a2)2 家银行:工商银行、俄英银行…	239.3	169.1	408.4
(a3)5 家银行:俄亚银行、圣彼得堡私人银行、亚速海—顿河银行、莫斯科联合银行、俄法商业银行……	711.8	661.2	1 373.0
(11 家银行)总　计……(**a**)=	1 364.8	1 689.4	3 054.2
(b)8 家银行:莫斯科商人银行、伏尔加—卡马银行、容克股份银行、圣彼得堡商业银行(前瓦韦尔贝尔格银行)、莫斯科银行(前里亚布申斯基银行)、莫斯科贴现银行、莫斯科商业银行、莫斯科私人银行……	504.2	391.1	895.3
(19 家银行)共　计………	1 869.0	2 080.5	3 949.5

从这些材料看来,在近 40 亿卢布的大银行"活动"资本当中,有$\frac{3}{4}$以上,即 30 多亿卢布属于实际上是作为国外银行的女儿公司的那些银行;它们主要是巴黎的银行(著名的三大银行:巴黎联合

银行、巴黎荷兰银行、总公司)和柏林的银行(特别是德意志银行和贴现公司)。俄国两家最大的银行俄罗斯银行(俄国对外贸易银行)和国际银行(圣彼得堡国际商业银行),在 1906—1912 年间,把资本由 4 400 万卢布增加到 9 800 万卢布,把准备金由 1 500 万卢布增加到 3 900 万卢布,"其中有¾是德国的资本";前一家银行属于柏林德意志银行的康采恩,后一家银行属于柏林贴现公司的康采恩。善良的阿加德对于柏林的银行握有大部分股票而使俄国股东软弱无力,感到十分愤慨。自然,输出资本的国家总是捞到油水,例如柏林的德意志银行,在柏林发行西伯利亚商业银行的股票,把这些股票压存了一年,然后以 193% 的行情,即几乎高一倍的行情售出,"赚了"约 600 万卢布的利润,这就是希法亭所说的"创业利润"。

据该书作者计算,彼得堡各最大银行的全部"实力"为 823 500 万卢布,即将近 82.5 亿;同时作者又把各个国外银行的"参与",确切些说,各个国外银行的统治,划分如下:法国银行占 55%,英国银行占 10%,德国银行占 35%。据作者计算,在这 823 500 万职能资本当中,有 368 700 万,即 40% 以上用于各辛迪加,即煤业公司、五金公司、石油工业辛迪加、冶金工业辛迪加、水泥工业辛迪加。可见,由于资本主义垄断组织的形成而造成的银行资本和工业资本的融合,在俄国也有了长足的进展。[30]

集中在少数人手里并且享有实际垄断权的金融资本,由于创办企业、发行有价证券、办理公债等等而获得大量的、愈来愈多的利润,巩固了金融寡头的统治,替垄断者向整个社会征收贡赋。下面是希法亭从美国托拉斯"经营"的无数实例中举出的一个例子:1887 年哈夫迈耶把 15 个小公司合并起来,成立了一个糖业托拉斯。这些小公司的资本总额为650万美元,而这个托拉斯的资本,按美国的说法,是"掺了水"的,竟估定为5 000万美元。这种"过度资本化"是预计到了将来的垄断利润的,正像美国的钢铁托拉斯预计到将来的垄断利润,就购买愈来愈多的蕴藏铁矿的土地一样。果然,这个糖业托拉斯规定了垄断价格,获得了巨额的收入,竟能为"掺水"**7倍**的资本支付10%的股息,也就是**为创办托拉斯时实际投入的资本支付将近70%的股息!** 到1909年,这个托拉斯的资本为9 000万美元。在22年内,资本增加了十倍以上。

法国的"金融寡头"的统治(《反对法国金融寡头》——利西斯一本名著的标题,1908年出了第5版),只是在形式上稍有不同。4家最大的银行在发行有价证券方面享有不是相对的垄断权,而是"绝对的垄断权"。事实上这是"大银行托拉斯"。垄断保证它们从发行证券获得垄断利润。在借债时,债务国所得到的通常不超过总额的90%;10%被银行和其他中介人拿去了。银行从4亿法郎的中俄债券中得到8%的利润,从8亿法郎的俄国债券(1904年)中得到10%的利润,从6 250万法郎的摩洛哥债券(1904年)中得到18.75%的利润。资本主义的发展是从小规模的高利贷资本开始,而以大规模的高利贷资本结束。利西斯说:"法国人是欧洲的高利贷者。"全部经济生活条件都由于资本主义的这种蜕化而发生深刻的变化。在人口、工商业和海运都发生停滞的情况下,"国家"却可以靠放高利贷发财。"代表800万法郎资本的50个人,能够支配4家银行的**20亿法郎**。"我们谈过的"参与"制度,也造成同样的结果:最大银行之一的总公司(Sociéte Générale)为女儿公司埃及精糖厂发行了64 000张债券。发行的行情是150%,就是说,银行在每一个卢布上赚了50个戈比。后来发现这个女儿公司的股息是虚拟的,这样就使"公众"损失了 9 000 万至 1 亿法郎;"总公司有一个经理是精糖厂的董事"。难怪这位作者不得不作出结论说:"法兰西共和国是金融君主国";"金融寡头统治一切,既控制着报刊,又控制着政府"。①

作为金融资本主要业务之一的有价证券发行业,盈利极大,对于金融寡头的发展和巩固起着重大的作用。德国的《银行》杂志写道:"在发行外国债券的时候担任中介人,能够获得很高的利润,国内没有任何一种生意能够获得哪怕是同它相近的利润。"②

"没有任何一种银行业务能够获得像发行业务那么高的利润。"根据《德国经济学家》杂志的材料,发行工业企业证券的利润每年平均如下:

1895 年——38.6%	1898 年——67.7%
1896 年——36.1%	1899 年——66.9%
1897 年——66.7%	1900 年——55.2%

"在 1891 — 1900 年的 10 年间,仅靠发行德国工业证券'赚到'的钱就有 **10 亿以上**。"③

在工业高涨时期,金融资本获得巨额利润,而在衰落时期,小企业和不稳固的企业纷纷倒闭,大银行就"参与"贱价收买这些企业,或者"参与"有利可图的"整理"和"改组"。在"整理"亏本的企业时,"把股份资本降低,也就是按照比较小的资本额来分配收

① 利西斯《反对法国金融寡头》1908 年巴黎第 5 版第 11、12、26、39、40、48 页。

② 1913 年《银行》杂志第 7 期第 630 页。

③ 施蒂利希的上述著作第 143 页和韦·桑巴特《19 世纪的德国国民经济》1909 年第 2 版第 526 页,附录 8。

入,以后就按照这个资本额来计算收入。如果收入降低到零,就吸收新的资本,这种新资本同收入比较少的旧资本结合起来,就能获得相当多的收入。"希法亭又补充道:"而且,所有这些整理和改组,对于银行有双重的意义:第一,这是有利可图的业务;第二,这是使经济拮据的公司依附于自己的好机会。"①

请看下面的例子。多特蒙德的联合矿业股份公司,是在1872年创办的。发行的股份资本将近4 000万马克,而在第一个年度获得12%的股息时,股票行情就涨到170%。金融资本捞到了油水,稍稍地赚了那么2 800万马克。在创办这个公司的时候,起主要作用的就是那个把资本很顺利地增加到3亿马克的德国最大的银行贴现公司。后来联合公司的股息降到了零。股东们只好同意"冲销"资本,也就是损失一部分资本,以免全部资本损失。经过多次"整理",在30年中,联合公司的账簿上消失了7 300多万马克。"现在,这个公司原先的股东们手里的股票价值,只有票面价值的5%了"②,而银行在每一次"整理"中却总是"赚钱"。

拿发展得很快的大城市近郊的土地来做投机生意,也是金融资本的一种特别盈利的业务。在这方面,银行的垄断同地租的垄断、也同交通运输业的垄断结合起来了,因为地价的上涨,以及土地能不能有利地分块出售等等,首先取决于同市中心的交通是否方便,而掌握交通运输业的,是通过参与制和分配经理职务同这些银行联系起来的大公司。结果就形成了《银行》杂志的撰稿人、专门研究土地买卖和抵押等业务的德国作家路·埃施韦格称做"泥

----

① 《金融资本》第172页。
② 施蒂利希的上述著作第138页和利夫曼的上述著作第51页。

潭"的局面:买卖城郊土地的狂热投机,建筑公司的倒闭(如柏林的波斯瓦—克诺尔公司的倒闭,这个公司靠了"最大最可靠的"德意志银行(Deutsche Bank)的帮助,弄到了1亿马克的巨款,而这家银行当然是通过"参与"制暗地里在背后进行了活动,结果银行"总共"损失了1 200万马克就脱身了),以及从空头的建筑公司那里一无所得的小业主和工人们的破产,同"廉洁的"柏林警察局和行政当局勾结起来把持颁发土地证和市议会建筑许可证的勾当,等等。①

欧洲的教授和善良的资产者一向装腔作势地对之表示痛心疾首的"美国风气",在金融资本时代简直成了各国各大城市流行的风气。

1914年初,在柏林传说要组织一个"运输业托拉斯",即由柏林的城市电气铁路公司、有轨电车公司和公共汽车公司这三个运输企业组成一个"利益共同体"。《银行》杂志写道:"当公共汽车公司的大部分股票转到其他两个运输公司手里的消息传出时,我们就知道有这种打算了。……完全可以相信,抱着这种目的的人希望通过统一调整运输业来节省一些费用,最终能使公众从中得到些好处。但是这个问题复杂化了,因为站在这个正在创建的运输业托拉斯背后的是这样一些银行,它们可以任意使自己所垄断的交通运输业服从自己的土地买卖的利益。只要回想一下下面这件事情,就会相信这种推测是十分自然的:在创办城市电气铁路公司的时候,鼓励创办该公司的那家大银行的利益就已经渗透进来

---

① 路·埃施韦格《泥潭》,见1913年《银行》杂志第952页;同上,1912年第1期第223页及以下各页。

了。就是说,这个运输企业的利益和土地买卖的利益交织在一起了。因为这条铁路的东线要经过银行的土地,当该路的建设已经有保证时,银行就把这些土地卖出去,使自己和几个合伙人获得了巨额的利润……"①

垄断既然已经形成,而且操纵着几十亿资本,它就绝对不可避免地要渗透到社会生活的**各个**方面去,而不管政治制度或其他任何"细节"如何。在德国经济著作中,通常是阿谀地赞美普鲁士官员的廉洁,而影射法国的巴拿马案件**31**或美国政界的贿赂风气。但是事实是,**甚至**专论德国银行业务的资产阶级书刊,也不得不经常谈到远远越出纯银行业务范围的事情,例如,针对官员们愈来愈多地转到银行去服务这件事,谈到了"钻进银行的欲望":"暗地里想在贝伦街〈柏林街名,德意志银行的所在地〉钻营一个肥缺的官员,他们的廉洁情况究竟怎样呢?"②《银行》杂志出版人阿尔弗勒德·兰斯堡在 1909 年写了《曲意逢迎的经济影响》一文,其中谈到威廉二世的巴勒斯坦之行,以及"此行的直接结果,即巴格达铁路**32**的建筑,这一不幸的'德意志进取精神的大事件',对于德国受'包围'一事应负的责任,比我们所犯的一切政治错误应负的责任还要大"(所谓"包围"是指爱德华七世力图孤立德国、用帝国主义的反德同盟圈来包围德国的政策)③。我们已经提过的这个杂志的撰稿人埃施韦格,在 1911 年写了一篇《财阀和官吏》的文章,揭露了一位德国官员弗尔克尔的事情。弗尔克尔当过卡特尔问题委员会的委员,并且很卖力气,不久以后他却在最大的卡特尔——

---

① 《运输业托拉斯》,见 1914 年《银行》杂志第 1 期第 89 页。
② 《钻进银行的欲望》,见 1909 年《银行》杂志第 1 期第 79 页。
③ 同上,第 301 页。

钢铁辛迪加中得到了一个肥缺。这类决非偶然的事情,迫使这位资产阶级作家不得不承认说,"德国宪法所保证的经济自由,在经济生活的许多方面,已经成了失去内容的空话",在现有的财阀统治下,"即使有最广泛的政治自由,也不能使我们免于变成非自由民的民族"①。

说到俄国,我们只举一个例子:几年以前,所有的报纸都登载过一个消息,说信用局局长达维多夫辞去了政府的职务,到一家大银行任职去了,按照合同,他在几年里所得的薪俸将超过100万卢布。信用局是个"统一全国所有信用机关业务"的机关,它给了首都各银行总数达8亿—10亿卢布的津贴。②———

资本主义的一般特性,就是资本的占有同资本在生产中的运用相分离,货币资本同工业资本或者说生产资本相分离,全靠货币资本的收入为生的食利者同企业家及一切直接参与运用资本的人相分离。帝国主义,或者说金融资本的统治,是资本主义的最高阶段,这时候,这种分离达到了极大的程度。金融资本对其他一切形式的资本的优势,意味着食利者和金融寡头占统治地位,意味着少数拥有金融"实力"的国家处于和其余一切国家不同的特殊地位。至于这一过程进行到了怎样的程度,可以根据发行各种有价证券的统计材料来判断。

阿·奈马尔克在《国际统计研究所公报》③上发表了关于全世界发行证券的最详尽最完备的对照材料,后来这些材料曾屡次被

---

① 1911年《银行》杂志第2期第825页;1913年第2期第962页。

② 欧·阿加德的上述著作第202页。

③ 《国际统计研究所公报》³³1912年海牙版第19卷第2册。第2栏关于各个小国家的材料,大致是按1902年的数目增加20%计算出来的。

经济学著作分别引用过。[34]现将 4 个 10 年中的总计分列如下：

10 年证券发行额（单位十亿法郎）

1871—1880 年 ···	76.1
1881—1890 年 ···	64.5
1891—1900 年 ···	100.4
1901—1910 年 ···	197.8

在 19 世纪 70 年代,全世界证券发行总额增加了,特别是由于普法战争以及德国战后滥设投机公司时期发行债券而增加了。大体说来,在 19 世纪最后 3 个 10 年里,增加的速度比较起来还不算太快,直到 20 世纪的头 10 年才大为增加,10 年之内差不多增加了一倍。可见,20 世纪初,不仅在我们已经说过的垄断组织(卡特尔、辛迪加、托拉斯)的发展方面,而且在金融资本的增长方面,都是一个转折时期。

据奈马尔克计算,1910 年全世界有价证券的总额大约是 8 150 亿法郎。他大致地减去了重复的数字,使这个数额缩小到 5 750 亿至 6 000 亿法郎。下面是这个数额在各国分布的情形(这里取的总额是 6 000 亿)：

1910 年有价证券数额（单位十亿法郎）

英国 ··········· 142 ⎫		荷兰 ···········	12.5
美国 ··········· 132 ⎪		比利时 ···········	7.5
法国 ··········· 110 ⎬ 479		西班牙 ···········	7.5
德国 ··········· 95 ⎭		瑞士 ···········	6.25
俄国 ··········· 31		丹麦 ···········	3.75
奥匈帝国 ··········· 24		瑞典、挪威、罗马尼亚等国 ······	2.5
意大利 ··········· 14		**共计** ···········	**600.0**
日本 ··········· 12			

从这些数字一下子就可以看出,4 个最富的资本主义国家是

多么突出,它们各有约 1 000 亿至 1 500 亿法郎的有价证券。在这4 个国家中有两个是最老的、殖民地最多的(这一点我们以下就要说到)资本主义国家——英国和法国,其余两个是在发展速度上和资本主义垄断组织在生产中的普及程度上领先的资本主义国家——美国和德国。这 4 个国家一共有 4 790 亿法郎,约占全世界金融资本的 80%。世界上其他各国,差不多都是这样或那样地成为这 4 个国家、这 4 个国际银行家、这 4 个世界金融资本的"台柱"的债务人和进贡者了。

现在,我们应当特别谈一下,资本输出在形成金融资本的依附和联系的国际网方面所起的作用。

四　资本输出

对自由竞争占完全统治地位的旧资本主义来说,典型的是**商品**输出。对垄断占统治地位的最新资本主义来说,典型的则是**资本**输出。

资本主义是发展到最高阶段的商品生产,这时劳动力也成了商品。国内交换尤其是国际交换的发展,是资本主义的具有代表性的特征。在资本主义制度下,各个企业、各个工业部门和各个国家的发展必然是不平衡的,跳跃式的。起先,英国早于别国成为资本主义国家,到 19 世纪中叶,英国实行自由贸易,力图成为"世界工厂",由它供给各国成品,这些国家则供给它原料作为交换。但是英国的**这种**垄断,在 19 世纪最后的 25 年已经被打破了,因为当时有许多国家用"保护"关税来自卫,发展成为独立的资本主义国家。临近 20 世纪时,我们看到已经形成了另一种垄断:第一,所有发达的资本主义国家都有了资本家的垄断同盟;第二,少数积累了巨额资本的最富的国家处于垄断地位。在先进的国家里出现了大量的"过剩资本"。

假如资本主义能发展现在到处都远远落后于工业的农业,假如资本主义能提高在技术获得惊人进步的情况下仍然到处是半饥半饱、乞丐一般的人民大众的生活水平,那当然就不会有什么过剩资本了。用小资产阶级观点批评资本主义的人就常常提出这种"论据"。但是这样一来,资本主义就不成其为资本主义了,因为发展的不平衡和民众半饥半饱的生活水平,是这种生产方式的根本的、必然的条件和前提。只要资本主义还是资本主义,过剩的资本就不会用来提高本国民众的生活水平(因为这样会降低资本家的利润),而会输出国外,输出到落后的国家去,以提高利润。在这些落后国家里,利润通常都是很高的,因为那里资本少,地价比较贱,工资低,原料也便宜。其所以有输出资本的可能,是因为许多落后的国家已经卷入世界资本主义的流转,主要的铁路线已经建成或已经开始兴建,发展工业的起码条件已有保证等等。其所以有输出资本的必要,是因为在少数国家中资本主义"已经过度成熟","有利可图的"投资场所已经不够了(在农业不发达和群众贫困的条件下)。

下面是 3 个主要国家国外投资的大概数目①:

国外投资(单位十亿法郎)

年　　份	英国	法国	德国
1862……………	3.6	—	—

---

① 霍布森《帝国主义》1902 年伦敦版第 58 页;里塞尔的上述著作第 395 页和第 404 页;保·阿恩特的文章,见 1916 年《世界经济文汇》[35]第 7 卷第 35 页;奈马尔克的文章,见公报;希法亭《金融资本》第 492 页;劳合-乔治 1915 年 5 月 4 日在下院的演说,见 1915 年 5 月 5 日《每日电讯》[36];伯·哈尔姆斯《世界经济问题》1912 年耶拿版第 235 页及其他各页;齐格蒙德·施德尔博士《世界经济发展趋势》1912 年柏林版第 1 卷第 150 页;乔治·佩什《大不列颠……的投资》,见《皇家统计学会杂志》[37]第 74 卷(1910—1911)第 167 页及以下各页;乔治·迪乌里奇《德国银行在国外的扩张及其同德国经济发展的联系》1909 年巴黎版第 84 页。

1872……………………	15	10（1869 年）	—
1882……………………	22	15（1880 年）	?
1893……………………	42	20（1890 年）	?
1902……………………	62	27—37	12.5
1914……………………	75—100	60	44

由此可见,资本输出是在 20 世纪初期才大大发展起来的。在大战前夜,3 个主要国家的国外投资已经达到 1 750 亿—2 000 亿法郎。按 5% 的低利率计算,这笔款额的收入一年可达 80 亿—100 亿法郎。这就是帝国主义压迫和剥削世界上大多数民族和国家的坚实基础,这就是极少数最富国家的资本主义寄生性的坚实基础!

这种国外投资在各国之间怎样分配,投在**什么地方**,对于这个问题只能作一个大概的回答,不过这个大概的回答也能说明现代帝国主义的某些一般的相互关系和联系:

国外投资在世界各洲分布的大概情况（1910 年前后）

	英国	法国 （单位十亿马克）	德国	共计
欧洲……………………	4	23	18	45
美洲……………………	37	4	10	51
亚洲、非洲、澳洲………	29	8	7	44
总　计……	70	35	35	140

在英国,占第一位的是它的殖民地,它在美洲也有广大的殖民地（例如加拿大）,在亚洲等地就更不必说了。英国资本的大量输出,同大量的殖民地有最密切的联系。关于殖民地对帝国主义的意义,我们以后还要讲到。法国的情况不同。它的国外投资主要是在欧洲,首先是在俄国（不下 100 亿法郎）,并且多半是**借贷**资本即公债,而不是对工业企业的投资。法国帝国主义与英国殖民

帝国主义不同,可以叫做高利贷帝国主义。德国又是另一种情况,它的殖民地不多,它的国外投资在欧美两洲之间分布得最平均。

资本输出在那些输入资本的国家中对资本主义的发展发生影响,大大加速这种发展。因此,如果说资本输出会在某种程度上引起输出国发展上的一些停滞,那也一定会有扩大和加深资本主义在全世界的进一步发展作为补偿的。

输出资本的国家几乎总有可能获得一定的"利益",这种利益的性质也就说明了金融资本和垄断组织的时代的特性。例如柏林的《银行》杂志在1913年10月写道:

"在国际的资本市场上,近来正在上演一出可以和阿里斯托芬的作品相媲美的喜剧。国外的很多国家,从西班牙到巴尔干,从俄国到阿根廷、巴西和中国,都在公开或秘密地向巨大的货币市场要求贷款,有时还要求得十分急迫。现在货币市场上的情况并不怎么美妙,政治前景也未可乐观。但是没有一个货币市场敢于拒绝贷款,唯恐邻居抢先同意贷款而换得某种报酬。在缔结这种国际契约时,债权人几乎总要占点便宜:获得贸易条约上的让步,开设煤站,建设港口,得到利益丰厚的租让,接受大炮订货。"①

金融资本造成了垄断组织的时代。而垄断组织则到处实行垄断的原则:利用"联系"来订立有利的契约,以代替开放的市场上的竞争。最常见的是,规定拿一部分贷款来购买债权国的产品,尤其是军用品、轮船等等,作为贷款的条件。法国在最近20年中(1890—1910年)常常采用这种手段。资本输出成了鼓励商品输出的手段。在这种情况下,特别大的企业之间订立的契约,按照施

---

① 1913年《银行》杂志第2期第1024—1025页。

尔德尔"婉转的"说法①,往往"接近于收买"。德国的克虏伯、法
国的施奈德、英国的阿姆斯特朗,就是同大银行和政府关系密
切、在缔结债约时不容易"撇开"的公司的典型。

法国贷款给俄国的时候,在 1905 年 9 月 16 日缔结的贸易条
约上"压了"一下俄国,使俄国直到 1917 年为止作出相当的让步;
在 1911 年 8 月 19 日同日本缔结贸易条约时,也是如此。奥地利
同塞尔维亚的关税战争从 1906 年开始,一直继续到 1911 年,中间
只有 7 个月的休战,这次关税战争部分是由奥地利和法国在供应
塞尔维亚军用物资方面的竞争引起的。1912 年 1 月,保尔·德沙
内尔在议会里说,法国公司在 1908—1911 年间供给塞尔维亚的军
用物资,价值达 4 500 万法郎。

奥匈帝国驻圣保罗(巴西)领事在报告中说:"巴西修筑铁路,
大部分用的是法、比、英、德的资本;这些国家在办理有关修筑铁路
的金融业务时已规定由它们供应铁路建筑材料。"

这样,金融资本的密网可以说确实是布满了全世界。在这方
面起了很大作用的,是设在殖民地的银行及其分行。德国帝国主
义者看到"老的"殖民国家在这方面特别"成功",真是羡慕之至。
在 1904 年,英国有 50 家殖民地银行和 2 279 个分行(1910 年有 72
家银行和 5 449 个分行),法国有 20 家殖民地银行和 136 个分行,
荷兰有 16 家殖民地银行和 68 个分行,而德国"总共只有"13 家殖
民地银行和 70 个分行。② 美国资本家则羡慕英德两国的资本家,
他们在 1915 年诉苦说:"在南美,5 家德国银行有 40 个分行,5 家

① 施尔德尔的上述著作第 346、350、371 页。
② 里塞尔的上述著作第 4 版第 375 页和迪乌里奇的上述著作第 283 页。

英国银行有 70 个分行…… 最近 25 年来,英德两国在阿根廷、巴西和乌拉圭投资约 40 亿美元,从而支配了这 3 个国家全部贸易的46%。"①

　　输出资本的国家已经把世界瓜分了,那是就瓜分一词的转义而言的。但是,金融资本还导致对世界的**直接的**瓜分。

---

① 1915 年 5 月《美国政治和社会科学学院年刊》**38**第 59 卷第 301 页。在这卷第 331 页上又写着:据著名的统计学家佩什在最近一期的金融周报《统计学家报》**39**上的计算,英、德、法、比、荷 5 国输出的资本总额是400 亿美元,等于 2 000 亿法郎。

五　资本家同盟瓜分世界

　　资本家的垄断同盟卡特尔、辛迪加、托拉斯,首先瓜分国内市场,把本国的生产差不多完全掌握在自己手里。但是在资本主义制度下,国内市场必然是同国外市场相联系的。资本主义早已造成了世界市场。所以随着资本输出的增加,随着最大垄断同盟的国外联系、殖民地联系和"势力范围"的极力扩大,这些垄断同盟就"自然地"走向达成世界性的协议,形成国际卡特尔。

　　这是全世界资本和生产集中的一个新的、比过去高得多的阶段。我们来看看这种超级垄断是怎样生长起来的。

　　电力工业是最能代表最新技术成就,代表 19 世纪末、20 世纪初的资本主义的一个工业部门。它在美国和德国这两个最先进的新兴资本主义国家里最发达。在德国,1900 年的危机对这个部门集中程度的提高发生了特别巨大的影响。在此之前已经同工业相当紧密地长合在一起的银行,在这个危机时期极大地加速和加深了较小企业的毁灭和它们被大企业吞并的过程。耶德尔斯写道:"银行停止援助的正是那些最需要援助的企业,这样就使那些同银行联系不够密切的公司,起初虽有蓬勃的发展,后来却遭到了无法挽救的破产。"①

————————

① 耶德尔斯的上述著作第 232 页。

结果,在 1900 年以后,集中有了长足的进展。1900 年以前,电力工业中有七八个"集团",每个集团都由几个公司组成(总共有 28 个公司),这些集团背后各有 2 至 11 家银行。到 1908——1912 年时,所有这些集团已合并成两个甚至一个集团了。这个过程如下:

电力工业中的集团

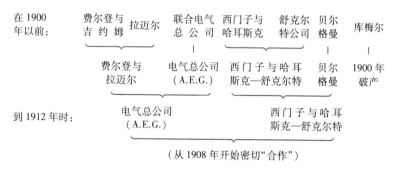

(从 1908 年开始密切"合作")

这样生长起来的著名的电气总公司(A.E.G.)统治着 175——200 个公司(通过"参与"制度),总共支配着约 15 亿马克的资本。单是它在国外的直接代表机构就有 34 个,其中有 12 个是股份公司,分设在 10 多个国家中。早在 1904 年,德国电力工业在国外的投资就有 23 300 万马克,其中有 6 200 万投在俄国。不言而喻,这个电气总公司是一个大型的"联合"企业,单是它的制造公司就有 16 个,制造各种各样的产品,从电缆和绝缘体,直到汽车和飞行器为止。

但是,欧洲的集中也就是美国集中过程的一个组成部分。当时的情况如下:

美国	通用电气公司（General Electric Co.）		
	汤普逊-霍斯东公司在欧洲创设了一个公司	爱迪生公司在欧洲创设了法国爱迪生公司,后者又把发明专利权转让给德国公司	
德国	联合电气公司	电气总公司（A.E.G.）	
	电气总公司（A.E.G.）		

于是形成了**两个**电力"大国"。海尼希在他的《电力托拉斯之路》一文中写道:"世界上没有一个**完全**不依赖它们的电力公司。"关于这两个"托拉斯"的周转额和企业规模,下列数字可以使我们得到某种(远非完整的)概念:

	商品周转额 （单位百万马克）	职员人数	纯 利 （单位百万马克）
美国的通用电气公司 （G.E.C.）…………	1907 年:252 1910 年:298	2 8000 3 2000	35.4 45.6
德国的电气总公司 （A.E.G.）…………	1907 年:216 1911 年:362	30 700 60 800	14.5 21.7

1907 年,美德两国的托拉斯订立了瓜分世界的协定。竞争消除了。通用电气公司(G.E.C.)"获得了"美国和加拿大,电气总公司(A.E.G.)"分得了"德国、奥地利、俄国、荷兰、丹麦、瑞士、土耳其和巴尔干。还就女儿公司渗入新的工业部门和"新的"即尚未正式被瓜分的国家问题,订立了单独的(当然是秘密的)协定。此外还规定要互相交换发明和试验结果。①

这种实际上是统一的世界性托拉斯,支配着几十亿资本,在世界各地有"分支机构"、代表机构、代办处以及种种联系等等,要同

---

① 里塞尔的上述著作;迪乌里奇的上述著作第 239 页;库尔特·海尼希的上述文章。

这种托拉斯竞争,自然是十分困难的。但是,这两个强大的托拉斯瓜分世界的事实,当然并不排除对世界的**重新瓜分**,如果实力对比由于发展不平衡、战争、崩溃等等而发生变化的话。

煤油工业提供了企图实行这种重新瓜分,为重新瓜分而斗争的一个大有教益的例子。

耶德尔斯在1905年写道:"世界的煤油市场直到现在还被两大金融集团分占着:一个是洛克菲勒的美国煤油托拉斯(美孚油公司),一个是俄国巴库油田的老板路特希尔德和诺贝尔。这两个集团彼此有密切的联系,但是几年以来,它们的垄断地位一直受到五大敌人的威胁"[①]:(1)美国石油资源的枯竭;(2)巴库的曼塔舍夫公司的竞争;(3)奥地利的石油资源;(4)罗马尼亚的石油资源;(5)海外的石油资源,特别是荷兰殖民地的石油资源(极富足的塞缪尔公司和壳牌公司,它们同英国资本也有联系)。后面三个地区的企业是同最大的德意志银行为首的那些德国大银行有联系的。这些银行为了拥有"自己的"据点而有计划地独自发展煤油工业,例如在罗马尼亚。在罗马尼亚的煤油工业中,1907年有外国资本18 500万法郎,其中德国资本占7 400万。[②]

斗争开始了,这个斗争在经济著作中就叫做"瓜分世界"的斗争。一方面,洛克菲勒的煤油托拉斯想夺取**一切**,就在荷兰**本土**办了一个女儿公司,收买荷属印度[③]的石油资源,想以此来打击自己的主要敌人——英荷壳牌托拉斯。另一方面,德意志银行和其他柏林银行力求把罗马尼亚"保持"在"自己手里",使罗马尼亚同俄

---

① 耶德尔斯的著作第192—193页。
② 迪乌里奇的著作第245—246页。
③ 即今印度尼西亚。——编者注

国联合起来反对洛克菲勒。洛克菲勒拥有大得多的资本，又拥有
运输煤油和供应煤油给消费者的出色的组织。斗争的结果势必是
德意志银行完全失败，它果然在1907年完全失败了，这时德意志
银行只有两条出路：或者是放弃自己的"煤油利益"，损失数百万；
或者是屈服。结果德意志银行选择了后者，同煤油托拉斯订立了
一项对自己很不利的合同。按照这项合同，德意志银行保证"不
做任何损害美国利益的事情"，但同时又规定，如果德国通过国家
煤油垄断法，这项合同即告失效。

于是一出"煤油喜剧"开演了。德国金融大王之一、德意志银
行的经理冯·格温纳，通过自己的私人秘书施陶斯发动了一场**主
张煤油垄断**的宣传。这家最大的柏林银行的整个庞大机构、一切
广泛的"联系"都开动起来了，报刊上一片声嘶力竭的反对美国托
拉斯"压制"的"爱国主义"叫喊声。1911年3月15日，帝国国会
几乎是一致地通过了请政府制定煤油垄断法案的决议。政府欣然
接受了这个"受众人欢迎的"主张。于是，德意志银行旨在欺骗它
的美国对手并用国家垄断来振兴自己业务的这场赌博，好像是已
经赢了。德国煤油大王已经做着一种获得不亚于俄国糖厂主的大
量利润的美梦……　但是，第一，德国各大银行在分赃上彼此发生
了争吵，贴现公司揭露了德意志银行的自私自利；第二，政府害怕
同洛克菲勒斗争，因为德国是否能不通过洛克菲勒而获得煤油，还
很成问题（罗马尼亚的生产率不高）；第三，1913年，正赶上德国要
拨款10亿来准备战争。垄断法案搁下来了。斗争的结果是，洛克
菲勒的煤油托拉斯暂时获得了胜利。

柏林的《银行》杂志关于这点写道，德国只有实行电力垄断，
用水力发出廉价的电力，才能同煤油托拉斯斗争。这个杂志又说：

但是,"电力垄断只有在生产者需要的时候才会实现,也就是说,只有在下一次电力工业大崩溃逼近、各私营电力工业康采恩现在在各处修建的已经从市政府和国家等等方面获得了某些垄断权的那些成本高的大电站不能获利的时候,才会实现。到那时候就只好使用水力;但是用水力发出廉价的电力也不能靠国家出钱来办,还是要交给'受国家监督的私人垄断组织'去经营,因为私营工业已经订立了许多契约……争得了巨额的补偿…… 以前钾碱的垄断是如此,现在煤油的垄断是如此,将来电力的垄断也是如此。我们那些被美妙的原则迷住了的国家社会主义者,现在总该明白:德国的垄断组织从来没有抱定过这样的目的,也没有达到过这样的结果,即为消费者带来好处或者哪怕是交给国家一部分企业利润,它们仅仅是为了用国家的钱来振兴快要破产的私营工业罢了。"①

德国资产阶级经济学家不得不作出这种宝贵的供认。这里我们清楚地看到,在金融资本时代,私人垄断组织和国家垄断组织是交织在一起的,实际上这两种垄断组织都不过是最大的垄断者之间为瓜分世界而进行的帝国主义斗争中的一些环节而已。

在商轮航运业中,集中的巨大发展也引起了对世界的瓜分。德国形成了两个最大的公司,即汉堡—美洲包裹投递股份公司和北德劳埃德公司,它们各有资本 2 亿马克(股票和债券),各有价值 18 500 万—18 900 万马克的轮船。另一方面,美国在 1903 年 1 月 1 日成立了所谓摩根托拉斯,即国际商轮公司,由美英两国的 9 个轮船公司合并而成,拥有资本 12 000 万美元(48 000 万马克)。就在 1903 年,两家德国大公司和这个美英托拉斯签订了一项为瓜

---

① 1912 年《银行》杂志第 2 期第 629、1036 页;1913 年第 1 期第 388 页。

分利润而瓜分世界的合同。德国的公司在英美之间的航线上退出了竞争。合同明确地规定了哪些港口"归"谁"使用"，并且设立了一个共同的监察委员会等等。合同期定为 20 年，同时规定了一个附带条款：一旦发生战争，该合同即告废止。①

国际钢轨卡特尔形成的历史，也是大有教益的。早在 1884 年工业极为衰落的时候，英国、比利时、德国三国的钢轨制造厂就作过组织这种卡特尔的第一次尝试。它们议定不在缔约各国的国内市场上竞争，国外市场则按下列比例瓜分：英国占 66%，德国占 27%，比利时占 7%。印度完全归英国。对于一个没有参加缔结协议的英国公司，它们就合力进攻，其耗费由出售总额中拿出一部分来补偿。但是到了 1886 年，有两个英国公司退出了同盟，这个同盟也就瓦解了。值得注意的是，在后来几次工业高涨时期，始终没有达成过协议。

1904 年初，德国成立了钢铁辛迪加。1904 年 11 月，国际钢轨卡特尔又按下列比例恢复起来了：英国占 53.5%；德国占 28.83；比利时占 17.67%。后来法国也加入了，它在第一、第二、第三年中所占份额分别为 4.8%、5.8%、6.4%，这是在 100%以外，即以 104.8%等等为基数的。1905 年，又有美国的钢铁托拉斯（钢铁公司）加入，随后奥地利和西班牙也加入了。福格尔施泰因在 1910 年写道："现在，地面已经分完了，于是那些大用户，首先是国营铁路——既然世界已经被瓜分完毕而没有照顾它们的利益——，就可以像诗人一样生活在丘必特的天宫里了。"②

---

① 里塞尔的上述著作第 125 页。

② 福格尔施泰因《组织形式》第 100 页。

还要提一提 1909 年成立的国际锌业辛迪加,它把生产量在德、比、法、西、英五国的工厂集团之间作了明确的分配;还有国际火药托拉斯,用利夫曼的话来说,它是"德国所有炸药厂的最新式的紧密同盟,后来这些炸药厂与法美两国用同样的方法组织起来的代那买特炸药工厂一起,可以说是共同瓜分了整个世界"①。

据利夫曼统计,德国所参加的国际卡特尔,在 1897 年共有将近 40 个,到 1910 年就已经接近 100 个了。

有些资产阶级作家(现在卡·考茨基也加入了他们的行列,他完全背叛了像他在 1909 年所采取的那种马克思主义的立场)认为,国际卡特尔作为资本国际化的最突出的表现之一,给人们带来了在资本主义制度下各民族间实现和平的希望。这种意见在理论上是十分荒谬的,在实践上则是一种诡辩,是用欺骗的手段为最恶劣的机会主义辩护。国际卡特尔表明了现在资本主义垄断组织已经发展到怎样的程度,资本家同盟是**为了什么**而互相斗争。后面这一点是最重要的,只有它才能向我们说明当前发生的事情的历史经济意义,因为斗争的**形式**由于各种比较局部的和暂时的原因,可能发生变化,而且经常在发生变化,但是,只要阶级存在,斗争的**实质**,斗争的阶级**内容**,是始终**不会**改变的。很明显,掩饰现代经济斗争的**内容**(瓜分世界),而强调这个斗争的这种或那种**形式**,这是符合比如说德国资产阶级的利益的(考茨基在理论见解方面实质上已经转到德国资产阶级那边去了,这点我们以后还要说到)。考茨基也犯了同样的错误。这里所说的当然不是德国资产阶级,而是全世界的资产阶级。资本家瓜分世界,并不是因为他们

---

①　利夫曼《卡特尔与托拉斯》第 2 版第 161 页。

的心肠特别狠毒,而是因为集中已经达到这样的阶段,使他们不得不走上这条获取利润的道路;而且他们是"按资本"、"按实力"来瓜分世界的,在商品生产和资本主义制度下也不可能有其他的瓜分方法。实力则是随经济和政治的发展而变化的;要了解当前发生的事情,就必须知道哪些问题要由实力的变化来解决,至于这些变化是"纯粹"经济的变化,还是**非**经济的(例如军事的)变化,却是次要的问题,丝毫不能改变对于资本主义最新时代的基本观点。拿资本家同盟互相进行斗争和订立契约的形式(今天是和平的,明天是非和平的,后天又是非和平的)问题来偷换斗争和协议的**内容**问题,就等于堕落成诡辩家。

最新资本主义时代向我们表明,资本家同盟之间**在**从经济上瓜分世界的**基础上**形成了一定的关系,而与此同时,与此相联系,各个政治同盟、各个国家之间在从领土上瓜分世界、争夺殖民地、"争夺经济领土"的基础上也形成了一定的关系。

六　大国瓜分世界

地理学家亚·苏潘在他的一本论述"欧洲殖民地的扩展"的书①中,对 19 世纪末的这种扩展情况,作了如下简短的总结:

属于欧洲殖民大国(包括美国在内)的土地面积所占的百分比

	1876 年	**1900 年**	增减数
在非洲……………	10.8%	90.4%	+79.6%
在波利尼西亚………	56.8%	98.9%	+42.1%
在亚洲……………	51.5%	56.6%	+5.1%
在澳洲……………	100.0%	100.0%	—
在美洲……………	27.5%	27.2%	−0.3%

苏潘得出结论说:"可见,这个时期的特点是瓜分非洲和波利尼西亚。"因为在亚洲和美洲,无主的土地,即不属于任何国家的土地已经没有了,所以应当扩大苏潘的结论,应当说,我们所考察的这个时期的特点是世界瓜分完毕。所谓完毕,并不是说不可能**重新瓜分了**——相反,重新瓜分是可能的,并且是不可避免的——,而是说在资本主义各国的殖民政策之下,我们这个行星上无主的土地都被霸占**完了**。世界已第一次被瓜分完毕,所以以后**只能**是重新瓜分,也就是从一个"主人"转归另一个"主人",而不

---

① 亚·苏潘《欧洲殖民地的扩展》1906 年版第 254 页。

74

是从无主的变为"有主的"。

可见,我们是处在一个同"资本主义发展的最新阶段"即金融资本密切联系的世界殖民政策的特殊时代。因此,首先必须较详细地研究一下实际材料,以便尽量确切地弄清楚这个时代和先前各个时代有什么不同,现在的情况究竟怎样。这里,首先就产生了两个事实问题:殖民政策的加强,争夺殖民地斗争的尖锐化,是不是恰好在金融资本时代出现的,在这方面,现在世界瓜分的情况究竟怎样。

美国作家莫里斯在他写的一本关于殖民史的著作中①,对英、法、德三国在19世纪各个时期的殖民地面积的材料作了归纳。**40** 现在把他所得出的结果简单列表如下:

殖　民　地　面　积

年　份	英　国		法　国		德　国	
	面积(单位百万平方英里)	人口(单位百万)	面积(单位百万平方英里)	人口(单位百万)	面积(单位百万平方英里)	人口(单位百万)
1815—1830 年	?	126.4	0.02	0.5	—	—
1860 年	2.5	145.1	0.2	3.4	—	—
1880 年	7.7	267.9	0.7	7.5	—	—
1899 年	9.3	309.0	3.7	56.4	1.0	14.7

英国特别加紧夺取殖民地是在1860—1880年这个时期,而且在19世纪最后20年还在大量地夺取。法德两国加紧夺取殖民地也正是在这20年间。我们在上面已经看到,垄断前的资本主义,即自由竞争占统治的资本主义,发展到顶点的时期是19世纪60年代和70年代。现在我们又看到,**正是在这个时期以后**,开始了

---

① 亨利·C.莫里斯《殖民史》1900 年纽约版第 2 卷第 88 页;第 1 卷第 419 页;第 2 卷第 304 页。

夺取殖民地的大"高潮",瓜分世界领土的斗争达到了极其尖锐的程度。所以,毫无疑问,资本主义向垄断资本主义阶段的过渡,即向金融资本的过渡,**是同瓜分世界的斗争的尖锐化联系着的**。

霍布森在论述帝国主义的著作中,把1884—1900年这个时期划为欧洲主要国家加紧"扩张"(扩大领土)的时期。据他计算,在这个时期,英国夺得了370万平方英里的土地和5 700万人口,法国——360万平方英里的土地和3 650万人口,德国——100万平方英里的土地和1 470万人口,比利时——90万平方英里的土地和3 000万人口,葡萄牙——80万平方英里的土地和900万人口。在19世纪末,特别是自19世纪80年代以来,各资本主义国家拼命争夺殖民地,已是外交史和对外政策史上众所周知的事实。

在1840—1860年英国自由竞争最兴盛的时期,英国居于领导地位的资产阶级政治家是**反对**殖民政策的,他们认为殖民地的解放和完全脱离英国,是一件不可避免而且有益的事情。麦·贝尔在1898年发表的一篇论述"现代英国帝国主义"的文章①中指出,在1852年的时候,像迪斯累里这样一个一般说来是倾向于帝国主义的英国政治家,尚且说过:"殖民地是吊在我们脖子上的磨盘。"而到19世纪末,成为英国风云人物的,已经是公开鼓吹帝国主义、肆无忌惮地实行帝国主义政策的塞西尔·罗得斯和约瑟夫·张伯伦了!

值得注意的是,这些居于领导地位的英国资产阶级政治家当时就清楚地看到现代帝国主义的所谓纯粹经济根源和社会政治根源之间的联系。张伯伦鼓吹帝国主义是"正确、明智和经济的政

---

① 1898年《新时代》杂志第16年卷第1册第302页。

策"，他特别举出目前英国在世界市场上遇到的来自德国、美国、比利时的竞争。资本家说，挽救的办法是实行垄断，于是就创办卡特尔、辛迪加、托拉斯。资产阶级的政治领袖随声附和说，挽救的办法是实行垄断，于是就急急忙忙地去夺取世界上尚未瓜分的土地。据塞西尔·罗得斯的密友新闻记者斯特德说，1895 年罗得斯曾经同他谈到自己的帝国主义的主张，罗得斯说："我昨天在伦敦东头〈工人区〉参加了一个失业工人的集会。我在那里听到了一片狂叫'面包，面包！'的喊声。在回家的路上，我反复思考着看到的情景，结果我比以前更相信帝国主义的重要了……　我的一个夙愿就是解决社会问题，就是说，为了使联合王国 4 000 万居民免遭流血的内战，我们这些殖民主义政治家应当占领新的土地，来安置过剩的人口，为工厂和矿山生产的商品找到新的销售地区。我常常说，帝国就是吃饭问题。要是你不希望发生内战，你就应当成为帝国主义者。"①

　　百万富翁、金融大王、英布战争的罪魁塞西尔·罗得斯在 1895 年就是这样讲的。他对帝国主义的辩护只是比较粗俗，比较肆无忌惮，而实质上和马斯洛夫、休特古姆、波特列索夫、大卫诸先生以及那位俄国马克思主义创始人**41**等等的"理论"并没有什么不同。塞西尔·罗得斯是个比较诚实一点的社会沙文主义者……

　　为了对世界领土的瓜分情况和近几十年来这方面的变化作一个尽可能确切的描述，我们要利用苏潘在上述那部关于世界各大国殖民地问题的著作中提供的综合材料。苏潘选的是 1876 年和 1900 年，我们则选用 1876 年（这一年选得很恰当，因为正是到这

————————
①　1898 年《新时代》杂志第 16 年卷第 1 册第 304 页。

个时候,垄断前阶段的西欧资本主义的发展,整个说来可以算是完成了)和 1914 年(用许布纳尔的《地理统计表》上的比较新的数字来代替苏潘的数字)。苏潘只列出了殖民地;我们认为,把关于非殖民国家和半殖民地的简略数字补充进去,对描绘瓜分世界的全貌是有益的。我们把波斯、中国和土耳其列入半殖民地,其中第一个国家差不多已经完全变成了殖民地,第二个和第三个国家正在变成殖民地。[42]

结果如下:

大国的殖民地
(面积单位百万平方公里,人口单位百万)

	殖民地				宗主国		共计	
	1876 年		1914 年		1914 年		1914 年	
	面积	人口	面积	人口	面积	人口	面积	人口
英国………	22.5	251.9	33.5	393.5	0.3	46.5	33.8	440.0
俄国………	17.0	15.9	17.4	33.2	5.4	136.2	22.8	169.4
法国………	0.9	6.0	10.6	55.5	0.5	39.6	11.1	95.1
德国………	—	—	2.9	12.3	0.5	64.9	3.4	77.2
美国………	—	—	0.3	9.7	9.4	97.0	9.7	106.7
日本………	—	—	0.3	19.2	0.4	53.0	0.7	72.2
6 个大国总计	40.4	273.8	65.0	523.4	16.5	437.2	81.5	960.6
其余大国(比利时、荷兰等)的殖民地 …………………							9.9	45.3
半殖民地(波斯、中国、土耳其) …………………							14.5	361.2
其余国家………							28.0	289.9
全　球 …………………………………							133.9	1 657.0

我们从这里清楚看到在 19 世纪和 20 世纪之交世界被瓜分"完毕"的情况。1876 年以后,殖民地有极大的扩张:6 个最大的大国的殖民地增加了一半以上,由 4 000 万平方公里增加到 6 500 万平方公里,增加了 2 500 万平方公里,比各宗主国的面积(1 650

万)多一半。有 3 个大国在 1876 年根本没有殖民地,另一个大国法国,当时也差不多没有。到 1914 年,这 4 个大国获得的殖民地面积为 1 410 万平方公里,即大致比欧洲面积还大一半,这些殖民地的人口差不多有 1 亿。殖民地的扩张是非常不平衡的。例如拿面积和人口都相差不远的法、德、日三国来比较,就可以看出,法国的殖民地(按面积来说)几乎比德日两国殖民地的总和多两倍。不过在我们所谈的这个时代的初期,法国金融资本的数量大概也比德日两国的总和多几倍。除纯粹的经济条件而外,地理和其他条件也在这些经济条件的基础上影响到殖民地的大小。近几十年来,在大工业、交换和金融资本的压力下,世界的均等化,即各国经济条件与生活条件的平均化,虽然进展得很快,但差别还是不小的。在上述 6 个国家中,我们看到,一方面有年轻的进步非常快的资本主义国家(美、德、日),另一方面有近来进步比前面几国慢得多的老的资本主义国家(法、英),另外还有一个经济上最落后的国家(俄国),这个国家的现代资本帝国主义可以说是被前资本主义关系的密网紧紧缠绕着。

　　除大国的殖民地以外,我们还列进了小国的小块殖民地。这些殖民地可以说是可能发生而且极可能发生的对殖民地的"重新瓜分"的最近目标。这些小国能够保持自己的殖民地,主要是因为大国之间存在着利益上的对立,存在着摩擦等等,妨碍了它们达到分赃的协议。至于"半殖民地"国家,它们是自然界和社会一切领域常见的过渡形式的例子。金融资本是一种存在于一切经济关系和一切国际关系中的巨大力量,可以说是起决定作用的力量,它甚至能够支配而且实际上已经支配着一些政治上完全独立的国家;这种例子我们马上就要讲到。不过,对金融资本最"方便"最有利的当然是使从属的国家和民族丧失政治独立**这样的**支配。半殖民地国家是这方面的"中间"形式的典型。显然,在金融资本时代,当世界上其他地方已经瓜分完毕的时候,争夺这些半附属国的斗争也就必然特别尖锐起来。

殖民政策和帝国主义在资本主义最新阶段以前,甚至在资本主义以前就已经有了。以奴隶制为基础的罗马就推行过殖民政策,实行过帝国主义。但是,"泛泛地"谈论帝国主义而忘记或忽视社会经济形态的根本区别,必然会变成最空洞的废话或吹嘘,就像把"大罗马和大不列颠"相提并论那样①。就是资本主义**过去各**阶段的资本主义殖民政策,同金融资本的殖民政策也是有重大差别的。

最新资本主义的基本特点是最大企业家的垄断同盟的统治。当这种垄断组织独自霸占了**所有**原料产地的时候,它们就巩固无比了。我们已经看到,资本家国际同盟怎样拼命地致力于剥夺对方进行竞争的一切可能,收买譬如蕴藏铁矿的土地或石油资源等等。只有占领殖民地,才能充分保证垄断组织自如地应付同竞争者的斗争中的各种意外事件,包括对方打算用国家垄断法来实行自卫这样的意外事件。资本主义愈发达,原料愈感缺乏,竞争和追逐全世界原料产地的斗争愈尖锐,抢占殖民地的斗争也就愈激烈。

施尔德尔写道:"可以作出一个在某些人看来也许是怪诞不经的论断,就是说,城市人口和工业人口的增长,在较近的将来与

---

① 查·普·卢卡斯《大罗马和大不列颠》1912年牛津版,或克罗美尔伯爵《古代帝国主义和现代帝国主义》1910年伦敦版。

其说会遇到食品缺乏的障碍,远不如说会遇到工业原料缺乏的障碍。"例如木材(它变得日益昂贵)、皮革和纺织工业原料,都愈来愈缺乏。"工业家同盟企图在整个世界经济的范围内造成农业和工业的平衡;1904 年几个主要工业国家的棉纺业工厂主同盟成立的国际同盟就是一个例子;后来在 1910 年,欧洲麻纺业厂主同盟也仿照它成立了一个同盟。"①

当然,资产阶级改良主义者,其中尤其是现在的考茨基主义者,总是企图贬低这种事实的意义,说不用"代价很大而且很危险的"殖民政策就"可以"在自由市场上取得原料,说"简单地"改善一下一般农业的条件就"可以"大大增加原料的供应。但是,这样说就成了替帝国主义辩护,替帝国主义涂脂抹粉,因为这样说就是忘记了最新资本主义的主要特点——垄断。自由市场愈来愈成为过去的事情,垄断性的辛迪加和托拉斯一天天地缩小自由市场,而"简单地"改善一下农业条件,就得改善民众的处境,提高工资,减少利润。可是,除了在甜蜜的改良主义者的幻想里,哪里会有能够关心民众的处境而不关心夺取殖民地的托拉斯呢?

对于金融资本来说,不仅已经发现的原料产地,而且可能有原料的地方,都是有意义的,因为当代技术发展异常迅速,今天无用的土地,要是明天找到新的方法(为了这个目的,大银行可以配备工程师和农艺师等等去进行专门的考察),要是投入大量资本,就会变成有用的土地。矿藏的勘探,加工和利用各种原料的新方法等等,也是如此。因此,金融资本必然力图扩大经济领土,甚至一般领土。托拉斯估计到将来"可能获得的"(而不是现有的)利润,

① 施尔德尔的上述著作第 38—42 页。

估计到将来垄断的结果,把自己的财产按高一两倍的估价资本化;同样,金融资本也估计到可能获得的原料产地,唯恐在争夺世界上尚未瓜分的最后几块土地或重新瓜分已经瓜分了的一些土地的疯狂斗争中落后于他人,总想尽量夺取更多的土地,不管这是一些什么样的土地,不管这些土地在什么地方,也不管采取什么手段。

英国资本家用尽一切办法竭力在**自己的**殖民地埃及发展棉花生产(1904 年埃及的 230 万公顷耕地中,就有 60 万公顷,即$\frac{1}{4}$以上用来种植棉花),俄国资本家在**自己的**殖民地土耳其斯坦也这样做,因为这样他们就能较容易地打败外国的竞争者,较容易地垄断原料产地,成立一个实行"联合"生产、包揽棉花种植和加工的**各个阶段的**、更经济更盈利的纺织业托拉斯。

资本输出的利益也同样地在推动人们去夺取殖民地,因为在殖民地市场上,更容易(有时甚至只有在那里才可能)用垄断的手段排除竞争者,保证由自己来供应,巩固相应的"联系"等等。

在金融资本的基础上生长起来的非经济的上层建筑,即金融资本的政策和意识形态,加强了夺取殖民地的趋向。希法亭说得很对:"金融资本要的不是自由,而是统治。"有一个法国资产阶级作家好像是在发挥和补充上述塞西尔·罗得斯的思想①,他写道,现代殖民政策除经济原因外,还应当加上社会原因:"愈来愈艰难的生活不仅压迫着工人群众,而且压迫着中间阶级,因此在一切老的文明国家中都积下了'一种危及社会安定的急躁、愤怒和憎恨的情绪;应当为脱离一定阶级常轨的力量找到应用的场所,应当给

———————
① 见本书第 77 页。——编者注

它在国外找到出路,以免在国内发生爆炸'。"①

　　既然谈到资本帝国主义时代的殖民政策,那就必须指出,金融资本和同它相适应的国际政策,即归根到底是大国为了在经济上和政治上瓜分世界而斗争的国际政策,造成了许多**过渡的**国家依附形式。这个时代的典型的国家形式不仅有两大类国家,即殖民地占有国和殖民地,而且有各种形式的附属国,它们在政治上、形式上是独立的,实际上却被金融和外交方面的依附关系的罗网缠绕着。上面我们已经说过一种形式——半殖民地。而阿根廷这样的国家则是另一种形式的典型。

　　舒尔采-格弗尼茨在一本论不列颠帝国主义的著作中写道:"南美,特别是阿根廷,在金融上如此依附于伦敦,应当说是几乎成了英国的商业殖民地。"②施尔德尔根据奥匈帝国驻布宜诺斯艾利斯的领事1909年的报告,确定英国在阿根廷的投资有875 000万法郎。不难设想,由于这笔投资,英国金融资本及其忠实"友人"英国外交,同阿根廷资产阶级,同阿根廷整个经济政治生活的领导人物有着多么巩固的联系。

　　葡萄牙的例子向我们表明了政治上独立而金融上和外交上不独立的另一种稍微不同的形式。葡萄牙是个独立的主权国家,但是实际上从西班牙王位继承战争(1701—1714年)起,这200多年来它始终处在英国的保护之下,英国为了加强它在反对自己的敌

---

① 瓦尔《法国在殖民地》,转引自昂利·吕西埃《大洋洲的瓜分》1905年巴黎版第165页。
② 舒尔采-格弗尼茨《20世纪初的不列颠帝国主义和英国自由贸易》1906年莱比锡版第318页,以及萨尔托里乌斯·冯·瓦尔特斯豪森《国外投资的国民经济制度》1907年柏林版第46页。

人西班牙和法国的斗争中的地位,保护了葡萄牙及其殖民地。英国以此换得了商业上的利益,换得了向葡萄牙及其殖民地输出商品、尤其是输出资本的优惠条件,换得了使用葡萄牙的港口、岛屿、电缆等等的便利。① 某些大国和小国之间的这种关系过去一向就有,但是在资本帝国主义时代,这种关系成了普遍的制度,成了"瓜分世界"的全部关系中的一部分,成了世界金融资本活动中的环节。

为了结束关于瓜分世界问题的讨论,我们还要指出下面一点。不但美西战争以后的美国著作和英布战争以后的英国著作,在19世纪末和20世纪初十分公开而明确地提出了这个问题,不但最"忌妒地"注视着"不列颠帝国主义"的德国著作经常在估计这个事实,而且在法国资产阶级著作中,就资产阶级可以达到的程度来说,问题也提得相当明确而广泛。让我们来引证历史学家德里奥的一段话,他在《19世纪末的政治问题和社会问题》一书中论述"大国与瓜分世界"的一章里写道:"近年来世界上所有未被占据的地方,除了中国以外,都被欧洲和北美的大国占据了。在这个基础上已经发生了某些冲突和势力变动,这一切预示着最近的将来会有更可怕的爆发。因为大家都得急急忙忙地干:凡是没有及时得到一份的国家,就可能永远得不到它的一份,永远不能参加对世界的大规模开拓,而这将是下一世纪即20世纪最重要的事实之一。所以近来全欧洲和美国都充满了殖民扩张和'帝国主义'的狂热,'帝国主义'成了19世纪末最突出的特点。"作者又补充说:"在这种瓜分世界的情况下,在这种疯狂追逐地球上的宝藏和巨

---

① 施尔德尔的上述著作第1卷第160—161页。

大市场的角斗中,这个世纪即19世纪建立起来的各个帝国之间的力量对比,是与建立这些帝国的民族在欧洲所占的地位完全不相称的。在欧洲占优势的大国,即欧洲命运的主宰者,**并非**在全世界也占有同样的优势。因为强大的殖民实力和占有尚未查明的财富的希望,显然会反过来影响欧洲大国的力量对比,所以殖民地问题(也可以说是"帝国主义")这个已经改变了欧洲本身政治局面的问题,一定还会日甚一日地改变这个局面。"①

---

① J.爱·德里奥《政治问题和社会问题》1900年巴黎版第299页。

七 帝国主义是资本主义的特殊阶段

　　现在我们应当试作一个总结,把以上关于帝国主义的论述归纳一下。帝国主义是作为一般资本主义基本特性的发展和直接继续而生长起来的。但是,只有在资本主义发展到一定的、很高的阶段,资本主义的某些基本特性开始转化成自己的对立面,从资本主义到更高级的社会经济结构的过渡时代的特点已经全面形成和暴露出来的时候,资本主义才变成了资本帝国主义。在这一过程中,经济上的基本事实,就是资本主义的自由竞争为资本主义的垄断所代替。自由竞争是资本主义和一般商品生产的基本特性;垄断是自由竞争的直接对立面,但是我们眼看着自由竞争开始转化为垄断:自由竞争造成大生产,排挤小生产,又用更大的生产来代替大生产,使生产和资本的集中达到这样的程度,以致从中产生了并且还在产生着垄断,即卡特尔、辛迪加、托拉斯以及同它们相融合的十来家支配着几十亿资金的银行的资本。同时,从自由竞争中生长起来的垄断并不消除自由竞争,而是凌驾于这种竞争之上,与之并存,因而产生许多特别尖锐特别剧烈的矛盾、摩擦和冲突。垄断是从资本主义到更高级的制度的过渡。

　　如果必须给帝国主义下一个尽量简短的定义,那就应当说,帝国主义是资本主义的垄断阶段。这样的定义能包括最主要之点,因为一方面,金融资本就是和工业家垄断同盟的资本融合起来的少数垄断性的最大银行的银行资本;另一方面,瓜分世界,就是由无阻碍地向未被任何一个资本主义大国占据的地区推行的殖民政策,过渡到垄断地占有已经瓜分完了的世界领土的殖民政策。

过于简短的定义虽然方便(因为它概括了主要之点),但是要从中分别推导出应当下定义的现象的那些最重要的特点,这样的定义毕竟是不够的。因此,如果不忘记所有定义都只有有条件的、相对的意义,永远也不能包括充分发展的现象一切方面的联系,就应当给帝国主义下这样一个定义,其中要包括帝国主义的如下五个基本特征:(1)生产和资本的集中发展到这样高的程度,以致造成了在经济生活中起决定作用的垄断组织;(2)银行资本和工业资本已经融合起来,在这个"金融资本的"基础上形成了金融寡头;(3)和商品输出不同的资本输出具有特别重要的意义;(4)瓜分世界的资本家国际垄断同盟已经形成;(5)最大资本主义大国已把世界上的领土瓜分完毕。帝国主义是发展到垄断组织和金融资本的统治已经确立、资本输出具有突出意义、国际托拉斯开始瓜分世界、一些最大的资本主义国家已把世界全部领土瓜分完毕这一阶段的资本主义。

下面我们还会看到,如果不仅注意到基本的、纯粹经济的概念(上述定义就只限于这些概念),而且注意到现阶段的资本主义同一般资本主义相比所占的历史地位,或者注意到帝国主义同工人运动中两个主要派别的关系,那就可以而且应当给帝国主义另外下一个定义。现在先必须指出,帝国主义,按上述意义来了解,无疑是资本主义发展的一个特殊阶段。为了使读者对于帝国主义有一个有充分根据的了解,我们故意尽量多引用了一些不得不承认最新资本主义经济中十分确凿的事实的**资产阶级**经济学家所发表的意见。为了同一目的,我们又引用了一些详细的统计材料,从中可以看出银行资本等究竟发展到了怎样的程度,看出量转化为质,发达的资本主义转化为帝国主义,究竟表现在什么地方。不用说,自然界和社会里的一切界限当然都是有条件的、变动的,如果去争论帝国主义究竟在哪一年或哪一个 10 年"最终"确立,那是荒唐的。

但是,我们不得不在帝国主义的定义问题上,首先同所谓第二国际时代(1889—1914 年这 25 年间)主要的马克思主义理论家卡·考茨基进行争论。在 1915 年,甚至早在 1914 年 11 月,考茨基就十分坚决地反对我们给帝国主义下的定义所表述的基本思想,他说不应当把帝国主义了解为一个经济上的"时期"或阶段,而应当了解为一种政策,即金融资本"比较爱好的"政策;不应当把帝国主义和"现代资本主义""等同起来";如果把帝国主义了解为"现代资本主义的一切现象"(卡特尔、保护主义、金融家的统治、殖民政策),那么帝国主义是资本主义所必需的这个问题就成了"最乏味的同义反复",因为那样的话,"帝国主义就自然是资本主义生存所必需的了",等等。为了最确切地表述考茨基的思想,我们引用他给帝国主义所下的定义,这个定义是直接反对我们所阐述的那些思想的实质的(因为,考茨基早已知道,多年来贯彻类似思想的德国马克思主义者阵营中所提出的反驳,正是马克思主义的一个派别所提出的反驳)。

考茨基的定义说:

"帝国主义是高度发达的工业资本主义的产物。帝国主义就是每个工业资本主义民族力图吞并或征服愈来愈多的**农业**〈黑体是考茨基用的〉区域,而不管那里居住的是什么民族。"①

　　这个定义是根本要不得的,因为它片面地,也就是任意地单单强调了一个民族问题(虽然这个问题无论就其本身还是就其对帝国主义的关系来说,都是极其重要的),任意地和**错误地**把这个问题**单单**同兼并其他民族的那些国家的工业资本联系起来,又同样任意地和错误地突出了对农业区域的兼并。

　　帝国主义就是力图兼并,——考茨基的定义的**政治**方面归结起来就是这样。这是对的,但是极不完全,因为在政治方面,帝国主义是力图使用暴力和实行反动。不过在这里我们要研究的是考茨基**本人**纳入**他的**定义中的**经济**方面。考茨基定义的错误是十分明显的。帝国主义的特点,恰好**不是**工业资本**而是**金融资本。在法国,恰好是在工业资本削弱的情况下**金融**资本特别迅速的发展,从上一世纪80年代开始使兼并政策(殖民政策)极度加强起来,这并不是偶然的。帝国主义的特点恰好**不只是**力图兼并农业区域,甚至还力图兼并工业极发达的区域(德国对比利时的野心,法国对洛林的野心),因为第一,世界已经瓜分完了,在**重新瓜分**的时候,就不得不把手伸向**任何**一块土地;第二,帝国主义的重要特点,是几个大国争夺霸权,即争夺领土,其目的与其说是直接为了自己,不如说是为了削弱对方,破坏**对方的**霸权(比利时作为反英据点对德国来说特别重要,巴格达作为反德据点对英国来说也一样重要,如此等等)。

　　考茨基特地搬出、并且屡次搬出英国人来,似乎英国人确定的

_____

① 1914年《新时代》杂志第32年卷第2册(1914年9月11日)第909页;参看1915年第2册第107页及以下各页。

帝国主义一词的纯粹政治含义,是和他考茨基的意思相符的。现在就来看看英国人霍布森在他1902年出版的《帝国主义》一书中是怎样写的:

"新帝国主义和老帝国主义不同的地方在于:第一,一个日益强盛的帝国的野心,被几个互相竞争的帝国的理论和实践所代替,其中每个帝国都同样渴望政治扩张和贪图商业利益;第二,金融利益或投资利益统治着商业利益。"①

我们看到,考茨基笼统地搬出英国人来,是绝对没有事实根据的(他要搬的话,也只能是搬出那些庸俗的英国帝国主义者或帝国主义的公开辩护士)。我们看到,考茨基标榜自己在继续维护马克思主义,实际上比**社会自由主义者**霍布森还后退了一步,因为霍布森还**比较正确地**估计到现代帝国主义的两个"历史的具体的"(考茨基的定义恰好是对历史的具体性的嘲弄!)特点:(1)几个帝国主义互相竞争;(2)金融家比商人占优势。如果主要是工业国兼并农业国的问题,那就把商人抬上首要地位了。

考茨基的定义不仅是错误的和非马克思主义的,而且还成了全面背离马克思主义理论和马克思主义实践的那一整套观点的基础,这一点以后还要讲到。考茨基挑起的那种字面上的争论,即资本主义的最新阶段应当叫做帝国主义还是叫做金融资本阶段,是毫无意义的争论。随便你怎样叫都是一样。关键在于考茨基把帝国主义的政治同它的经济割裂开了,把兼并解释为金融资本"比较爱好的"政策,并且拿同一金融资本基础上的另一种似乎可能有的资产阶级政策和它对立。照这样说来,经济上的垄断是可以

① 霍布森《帝国主义》1902年伦敦版第324页。

同政治上的非垄断、非暴力、非掠夺的行动方式相容的。照这样说来,瓜分世界领土(这种瓜分恰巧是在金融资本时代完成的并成了最大的资本主义国家现在互相竞争的特殊形式的基础)也是可以同非帝国主义的政策相容的。这样一来,就不是暴露资本主义最新阶段最根本的矛盾的深刻性,而是掩饰、缓和这些矛盾;这样一来,就不是马克思主义,而是资产阶级改良主义。

考茨基同德国的一个帝国主义和兼并政策的辩护士库诺争论过。库诺笨拙而又无耻地推论说:帝国主义是现代资本主义;资本主义的发展是不可避免的和进步的,所以帝国主义也是进步的,所以必须跪在帝国主义面前歌功颂德! 这种话就像民粹派在1894—1895年讽刺俄国马克思主义者的时候所说的那些话,说什么如果马克思主义者认为资本主义在俄国是不可避免的和进步的,那么他们就应当开起酒馆来培植资本主义。考茨基反驳库诺说:不对,帝国主义并不是现代资本主义,而只是现代资本主义政策的形式之一,我们可以而且应当同这种政策作斗争,同帝国主义,同兼并等等作斗争。

这种反驳好像很有道理,实际上却等于更巧妙更隐蔽地(因此是更危险地)宣传同帝国主义调和,因为同托拉斯和银行的政策"作斗争"而不触动托拉斯和银行的经济基础,那就不过是资产阶级的改良主义与和平主义,不过是一种善良而天真的愿望而已。不是充分暴露矛盾的深刻性,而是回避存在的矛盾,忘掉其中最重要的矛盾,——这就是考茨基的理论,它同马克思主义毫无共同之点。显然,这种"理论"只能用来维护同库诺之流保持统一的思想!

考茨基写道:"从纯粹经济的观点看来,资本主义不是不可能再经历一个新的阶段,即把卡特尔政策应用到对外政策上的超帝国主义的阶段"①,也就是全世界各帝国主义彼此联合而不是互相斗争的阶段,在资本主义制度下停止战争的阶段,"实行国际联合的金融资本共同剥削世界"的阶段②。

关于这个"超帝国主义论",我们以后还要谈到,以便详细地说明这个理论背弃马克思主义到了何等彻底而无可挽回的地步。现在,按照本书的总的计划,我们要看一看有关这个问题的确切的经济材料。"从纯粹经济的观点看来",这个"超帝国主义"究竟是可能实现的呢,还是超等废话?

如果纯粹经济的观点指的是一种"纯粹的"抽象概念,那么,说到底只能归结为这样一个论点:发展的趋势是走向垄断组织,因而也就是走向一个全世界的垄断组织,走向一个全世界的托拉斯。这是不容争辩的,不过也是毫无内容的,就好像说:"发展的趋势"是走向在实验室里生产食物。在这个意义上,超帝国主义"论"就如同什么"超农业论"一样是荒唐的。

如果谈金融资本时代的"纯粹经济"条件,是指 20 世纪初这个历史的具体时代,那么对于"超帝国主义"这种僵死的抽象概念(它完全是为了一个最反动的目的,就是使人不去注意**现有**矛盾的深刻性)的最好回答,就是拿现代世界经济的具体经济现实同它加以对比。考茨基关于超帝国主义的毫无内容的议论还鼓舞了那种十分错误的、为帝国主义辩护士助长声势的思想,似乎金融资本的统治是在**削弱**世界经济内部的不平衡和矛盾,其实金融资本的统治是在**加剧**这种不平衡和矛盾。**43**

---

① 1914 年《新时代》杂志第 32 年卷第 2 册(1914 年 9 月 11 日)第 921 页;参看 1915 年第 2 册第 107 页及以下各页。
② 1915 年《新时代》杂志第 1 册(1915 年 4 月 30 日)第 144 页。

理·卡尔韦尔在他写的《世界经济导论》①这本小册子里,对可以具体说明 19 世纪和 20 世纪之交世界经济内部相互关系的最重要的纯粹经济材料,作了归纳的尝试。他把整个世界分为 5 个"主要经济区域":(1)中欧区(除俄国和英国以外的整个欧洲);(2)不列颠区;(3)俄国区;(4)东亚区;(5)美洲区。同时他把殖民地列入所属国的"区域"内,而"撇开了"少数没有按上述区域划分的国家,例如亚洲的波斯、阿富汗和阿拉伯,非洲的摩洛哥和阿比西尼亚等等。

现在把他所列出的这些区域的经济材料摘录如下:

世界主要经济区域	面积(单位百万平方公里)	人口(单位百万)	交通运输业		贸易(进出口共计)(单位十亿马克)	工 业		
			铁路(单位千公里)	商船(单位百万吨)		煤炭产量(单位百万吨)	生铁产量(单位百万吨)	棉纺织业纱锭数目(单位百万)
(1)中欧区	27.6 (23.6)②	388 (146)②	204	8	41	251	15	26
(2)不 列 颠 区	28.9 (28.6)②	398 (355)②	140	11	25	249	9	51
(3)俄国区	22	131	63	1	3	16	3	7
(4)东亚区	12	389	8	1	2	8	0.02	2
(5)美洲区	30	148	379	6	14	245	14	19

我们看到,有三个区域是资本主义高度发达(交通运输业、贸易和工业都十分发达)的区域,即中欧区、不列颠区和美洲区。其中德、英、美三国是统治着世界的国家。它们相互间的帝国主义竞争和斗争是非常尖锐的,因为德国的地区很小,殖民地又少,而"中欧区"的形成还有待于将来,现时它正在殊死的斗争中逐渐产生。目前整个欧洲的特征是政治上分散。相反,在不列颠区和美

① 理·卡尔韦尔《世界经济导论》1906 年柏林版。
② 括号里是殖民地的面积和人口。

洲区,政治上却高度集中,但是它们之间又有极大的差别:前者有
广大的殖民地,后者的殖民地却十分少。在殖民地,资本主义刚刚
开始发展。争夺南美的斗争愈来愈尖锐。

有两个区域是资本主义不发达的区域,即俄国区和东亚区。
前者人口密度极小,后者极大;前者政治上很集中,后者不集中。
瓜分中国才刚刚开始,日美等国争夺中国的斗争愈来愈激烈。

请把考茨基关于"和平的"超帝国主义那种愚蠢可笑的胡说,
拿来同经济政治条件极不相同、各国发展速度等等极不一致、各帝
国主义国家间存在着疯狂斗争的实际情形比较一下吧。难道这不
是吓坏了的小市民想逃避可怕的现实的反动企图吗? 难道被考茨
基当做"超帝国主义"的胚胎的国际卡特尔(正像"可以"把在实验
室里生产片剂说成是超农业的胚胎一样),不就是向我们表明**瓜
分世界和重新瓜分**世界、由和平瓜分转为非和平瓜分、再由非和平
瓜分转为和平瓜分的一个例子吗? 难道从前同德国一起(例如在
国际钢轨辛迪加或国际商轮航运业托拉斯里)和平地瓜分过整个
世界的美国和其他国家的金融资本,现在不是在按照以完全**非**和
平的方式改变着的新的实力对比**重新瓜分**世界吗?

金融资本和托拉斯不是削弱而是加强了世界经济各个部分在
发展速度上的差异。既然实力对比发生了变化,那么**在资本主义
制度下**,除了用**实力**来解决矛盾,还有什么别的办法呢? 在铁路的
统计中,我们可以看到说明整个世界经济中资本主义和金融资本
发展速度不同的非常准确的材料。① 在帝国主义发展的最近几十

---

① 1915 年《德意志帝国统计年鉴》[44];1892 年《铁路业文汇》[45];关于 1890 年各
国殖民地间铁路分布方面的某些详细情形,只能作一个大致的估计[46]。

年中,铁路长度变更的情形如下:

铁路长度(单位千公里)

	1890 年	1913 年	增 加 数
欧洲	224	346	+122
美国	268	411	+143
所有殖民地	82 ⎫ 125	210 ⎫ 347	+128 ⎫ +222
亚美两洲的独立国和 半独立国	43 ⎭	137 ⎭	+94 ⎭
共计	617	1 104	

可见,铁路发展得最快的是殖民地和亚美两洲的独立国(以及半独立国)。大家知道,这里是由四五个最大的资本主义国家的金融资本统治着一切,支配着一切。在殖民地及亚美两洲其他国家建筑 20 万公里的新铁路,这意味着在特别有利的条件下,在收入有特别的保证、铸钢厂可以获得厚利订货等等的条件下,新投入 400 多亿马克的资本。

资本主义在殖民地和海外国家发展得最快。在这些国家中出现了**新的**帝国主义大国(如日本)。全世界帝国主义之间的斗争尖锐起来了。金融资本从特别盈利的殖民地企业和海外企业得到的贡款日益增加。在瓜分这种"赃物"的时候,有极大一部分落到了那些在生产力发展的速度上并不是常常占第一位的国家手里。各最大的强国及其殖民地的铁路总长度如下:

(单位千公里)

	1890 年	1913 年	
美国	268	413	+145
不列颠帝国	107	208	+101
俄国	32	78	+46
德国	43	68	+25
法国	41	63	+22
5 个大国共计	491	830	+339

可见,将近80%的铁路集中在5个最大的强国手中,但是这些铁路的**所有权**的集中程度,金融资本的集中程度,还要高得多,例如美、俄及其他国家铁路的大量股票和债券都属于英法两国的百万富翁。

英国靠自己的殖民地,把"自己的"铁路网增加了10万公里,比德国增加的多3倍。但是,谁都知道,这一时期德国生产力的发展,特别是煤炭和钢铁生产的发展,其速度之快是英国无法比拟的,更不必说法国和俄国了。1892年,德国的生铁产量为490万吨,英国为680万吨;但是到1912年,已经是1 760万吨比900万吨,也就是说,德国永远地超过英国了!① 试问,**在资本主义基础上**,要消除生产力发展和资本积累同金融资本对殖民地和"势力范围"的瓜分这两者之间不相适应的状况,除了用战争以外,还能有什么其他办法呢?

---

① 并参看埃德加·克勒芒德《不列颠帝国同德意志帝国的经济关系》,该文载于1914年7月《皇家统计学会杂志》第777页及以下各页。

八　资本主义的寄生性和腐朽

　　现在我们还要来研究一下帝国主义的另一个非常重要的方面,大多数关于帝国主义的论述,对这个方面往往认识不足。马克思主义者希法亭的缺点之一,就是他在这一点上比非马克思主义者霍布森还后退了一步。我们说的就是帝国主义所特有的寄生性。

　　我们已经看到,帝国主义最深厚的经济基础就是垄断。这是资本主义的垄断,也就是说,这种垄断是从资本主义生长起来并且处在资本主义、商品生产和竞争的一般环境里,同这种一般环境始终有无法解决的矛盾。尽管如此,这种垄断还是同任何垄断一样,必然产生停滞和腐朽的趋向。在规定了(即使是暂时地)垄断价格的范围内,技术进步因而也是其他一切进步的动因,前进的动因,就在一定程度上消失了;其次**在经济上**也就有可能人为地阻碍技术进步。例如,美国有个姓欧文斯的发明了一种能引起制瓶业革命的制瓶机。德国制瓶工厂主的卡特尔收买了欧文斯的发明专利权,可是却把这个发明束之高阁,阻碍它的应用。当然,在资本主义制度下,垄断决不能完全地、长久地排除世界市场上的竞争(这也是超帝国主义论荒谬的原因之一)。用改良技术的办法可能降低生产费用和提高利润,这种可能性当然是促进着各种变化的。但是垄断所固有的停滞和腐朽的**趋势**仍旧在发生作用,而且在某些工业部门,在某些国家,在一定的时期,这种趋势还占上风。

垄断地占有特别广大、富饶或地理位置方便的殖民地,也起着同样的作用。

其次,帝国主义就是货币资本大量聚集于少数国家,其数额,如我们看到的,分别达到 1 000 亿—1 500 亿法郎(有价证券)。于是,以"剪息票"为生,根本不参与任何企业经营、终日游手好闲的食利者阶级,确切些说,食利者阶层,就大大地增长起来。帝国主义最重要的经济基础之一——资本输出,更加使食利者阶层完完全全脱离了生产,给那种靠剥削几个海外国家和殖民地的劳动为生的整个国家打上了寄生性的烙印。

霍布森写道:"在 1893 年,不列颠在国外的投资,约占联合王国财富总额的 15%。"①我们要指出,到 1915 年,这种资本又增加了大约一倍半。霍布森又说:"侵略性的帝国主义,要纳税人付出很高代价,对于工商业者来说殊少价值,……然而对于寻找投资场所的资本家〈在英语里,这个概念是用"investor"一词来表示的,意即"投资者",食利者〉,却是大量利润的来源。""据统计学家吉芬计算,1899 年大不列颠从全部对外贸易和殖民地贸易(输入和输出)得到的全部年收入是 1 800 万英镑〈约合 17 000 万卢布〉,这是按贸易总额 8 亿英镑的 2.5% 推算出来的。"尽管这个数目不小,它却不能说明大不列颠侵略性的帝国主义。能够说明它的是 9 000 万—10 000 万英镑从"投资"得到的收入,也就是食利者阶层的收入。

———————————
① 霍布森的书第 59、62 页。

在世界上"贸易"最发达的国家,食利者的收入竟比对外贸易的收入高**4**倍! 这就是帝国主义和帝国主义寄生性的实质。

因此,"食利国"(Rentnerstaat)或高利贷国这一概念,就成了论述帝国主义的经济著作中通用的概念。世界分为极少数高利贷国和极大多数债务国。舒尔采-格弗尼茨写道:"在国外投资中占第一位的,是对政治上附属的或结盟的国家的投资:英国贷款给埃及、日本、中国和南美。在必要时,英国的海军就充当法警。英国的政治力量保护着英国,防止债务人造反。"①萨尔托里乌斯·冯·瓦尔特斯豪森在他所著的《国外投资的国民经济制度》一书中,把荷兰当做"食利国"的典型,并且说现在英国和法国也正在成为这样的国家。② 施尔德尔认为英国、法国、德国、比利时和瑞士这5个工业国家,是"明显的债权国"。他没有把荷兰算进去,只是因为荷兰"工业不大发达"③。而美国仅仅是美洲的债权人。

舒尔采-格弗尼茨写道:"英国逐渐由工业国变成债权国。虽然工业生产和工业品出口有了绝对的增加,但是,利息、股息和发行证券、担任中介、进行投机等方面的收入,在整个国民经济中的相对意义愈来愈大了。依我看来,这个事实正是帝国主义繁荣的经济基础。债权人和债务人之间的关系,要比卖主和买主之间的关系更巩固些。"④关于德国的情形,柏林的《银行》杂志出版人阿·兰斯堡1911年在他的《德国是食利国》一文中写了如下一段

① 舒尔采-格弗尼茨《不列颠帝国主义》第320页及其他各页。
② 萨·冯·瓦尔特斯豪森《国外投资的国民经济制度》1907年柏林版第4册。
③ 施尔德尔的著作第393页。
④ 舒尔采-格弗尼茨《不列颠帝国主义》第122页。

话:"德国人喜欢讥笑法国人显露出来的那种渴望变为食利者的倾向。但是他们忘记了,就资产阶级来说,德国的情况同法国是愈来愈相像了。"①

食利国是寄生腐朽的资本主义的国家,这不能不影响到这种国家的一切社会政治条件,尤其是影响到工人运动的两个主要派别。为了尽量把这一点说清楚,我们还是引用霍布森的话。他是一个最"可靠的"证人,因为谁也不会疑心他偏袒"马克思主义的正统思想";另一方面他又是英国人,很了解这个殖民地最广大、金融资本最雄厚、帝国主义经验最丰富的国家的情况。

霍布森在对英布战争的印象很鲜明的情况下,描述了帝国主义同"金融家"利益的联系,以及"金融家"从承包、供应等业务获得的利润增加的情形,他说:"资本家是这一明显的寄生性政策的指挥者;但是同一动机对工人中间的特殊阶层也起作用。在很多城市中,最重要的工业部门都要依靠政府的订货;冶金工业和造船工业中心的帝国主义,也在不小的程度上可以归因于这个事实。"这位作者认为,有两种情况削弱了旧帝国的力量:(1)"经济寄生性";(2)用附属国的人民编成军队。"第一种情况是经济寄生习气,这种习气使得统治国利用占领地、殖民地和附属国来达到本国统治阶级发财致富的目的,来收买本国下层阶级,使他们安分守己。"我们要补充一句:为了在经济上有可能进行这样的收买,不管收买的形式如何,都必须有垄断高额利润。

关于第二种情况,霍布森写道:"帝国主义盲目症的最奇怪的症候之一,就是大不列颠、法国等帝国主义国家走上这条道路时所

① 1911年《银行》杂志第1期第10—11页。

抱的那种漫不经心的态度。在这方面走得最远的是大不列颠。我们征服印度帝国的大部分战斗都是我们用土著人编成的军队进行的；在印度和近来在埃及，庞大的常备军是由英国人担任指挥的；我们征服非洲的各次战争，除了征服南部非洲的以外，几乎都是由土著人替我们进行的。"

瓜分中国的前景，使霍布森作出了这样一种经济上的估计："到那时，西欧大部分地区的面貌和性质，都将同现在有些国家的部分地区，如英格兰南部、里夫耶拉以及意大利和瑞士那些游人最盛、富人最多的地方一样，也会有极少数从远东取得股息和年金的富豪贵族，连同一批人数稍多的家臣和商人，为数更多的家仆以及从事运输和易腐坏产品最后加工的工人。主要的骨干工业部门就会消失，而大批的食品和半成品会作为贡品由亚非两洲源源而来。""西方国家更广泛的同盟，即欧洲大国联邦向我们展示的前途就是，这个联邦不仅不会推进全世界的文明事业，反而有造成西方寄生性的巨大危险：产生出这样一批先进的工业国家，这些国家的上层阶级从亚非两洲获得巨额的贡款，并且利用这种贡款来豢养大批驯服的家臣，他们不再从事大宗的农产品和工业品的生产，而是替个人服务，或者在新的金融贵族监督下从事次要的工业劳动。让那些漠视这种理论〈应当说：前途〉、认为这个理论不值得研究的人，去思考一下已经处于这种状态的目前英格兰南部各区的经济条件和社会条件吧。让他们想一想，一旦中国受这种金融家、'投资者'及其政治方面和工商业方面的职员的经济控制，使他们能从这个世界上所知道的最大的潜在富源汲取利润，以便在欧洲消费，这套方式将会扩展到怎样巨大的程度。当然，情况是极为复杂的，世界上各种力量的变化也难以逆料，所以不能很有把握地对未来作出某种唯一的预测。但是,现在支配着西欧帝国主义的那些势力,是在向着这个方向发展的。如果这些势力不遇到什么抵抗,不被引上另一个方面,它们就确实会朝着完成这一过程的方向努力。"①

作者说得完全对:**如果**帝国主义的力量不遇到抵抗,它就确实会走向这种结局。这里对于目前帝国主义情况下的"欧洲联邦"的意义,作了正确的估计。要补充的只有一点,就是**在**工人运动**内部**,目前在大多数国家暂时获得胜利的机会主义者,**也是**经常地一贯地朝着这个方向"努力"的。帝国主义意味着瓜分世界而不只是剥削中国一个国家,意味着极少数最富的国家享有垄断高额利润,所以,它们在经济上就有可能去收买无产阶级的上层,从而培植、形成和巩固机会主义。不过不要把反对帝国主义、特别是反对机会主义的那些力量忘掉,这些力量,社会自由主义者霍布森自然是看不到的。

德国机会主义者格尔哈德·希尔德布兰德过去因为替帝国主义辩护而被开除出党,现在满可以充当德国所谓"社会民主"党的领袖,他给霍布森作了一个很好的补充,鼓吹"西欧联邦"(俄国除外),以便"共同"行动……反对非洲黑人、反对"大伊斯兰教运动",以便维持"强大的陆海军",对付"中日联盟"②,等等。

舒尔采-格弗尼茨对"不列颠帝国主义"的描绘,向我们揭示了同样的寄生性特征。从 1865 年到 1898 年,英国的国民收入增加了大约 1 倍,而这一时期"来自国外"的收入却增加了 **8 倍**。如

---

① 霍布森的著作第 103、205、144、335、386 页。
② 格尔哈德·希尔德布兰德《工业统治地位和工业社会主义的动摇》1910 年版第 229 页及以下各页。

果说帝国主义的"功劳"是"教育黑人去劳动"（不用强制手段是不行的……），那么帝国主义的"危险"就在于，"欧洲将把体力劳动，起初把农业劳动和矿业劳动，然后把比较笨重的工业劳动，推给有色人种去干，自己则安然地当食利者，也许这样就为有色人种的经济解放以及后来的政治解放作好了准备"。

在英国，愈来愈多的土地不再用于农业生产，而成了专供富人运动作乐的场所。人们谈到苏格兰这个最贵族化的、用做打猎和其他运动的地方时，都说"它是靠自己的过去和卡内基先生〈美国亿万富翁〉生活的"。英国每年单是花在赛马和猎狐上面的费用，就有1 400万英镑（约合13 000万卢布）。英国食利者的人数约有100万。从事生产的人口的百分比日益下降：

	英国人口	主要工业部门的工人人数	工人在人口总数中所占的百分比
	（单 位 百 万）		
1851 年……	17.9	4.1	23%
1901 年……	32.5	4.9	15%

这位研究"20世纪初的不列颠帝国主义"的资产阶级学者谈到英国工人阶级的时候，不得不经常把工人"**上层**"和"**真正的无产阶级下层**"加以区别。上层中间有大批人参加合作社、工会、体育团体和许多教派。选举权是同这个阶层的地位相适应的，这种选举权在英国"还有**相当多的限制，以排除真正的无产阶级下层**"!! 为了粉饰英国工人阶级的状况，人们通常只谈论在无产阶级中占**少数**的这个上层，例如，"失业问题主要是涉及伦敦和无产阶级下层，**这个下层是政治家们很少重视的**……"① 应当说资产

① 舒尔采-格弗尼茨《不列颠帝国主义》第301页。

阶级政客和"社会党人"机会主义者们很少重视。

　　从帝国主义国家移往国外的人数逐渐减少,从比较落后的、工资比较低的国家移入帝国主义国家的人数(流入的工人和移民)却逐渐增加,这也是与上面描述的一系列现象有关的帝国主义特点之一。据霍布森说,英国移往国外的人数从1884年起开始减少:1884年有242 000人,而1900年只有169 000人。德国移往国外的人数,在1881—1890年的10年中达到了最高峰,有1 453 000人,但是在后来的两个10年里,又减少到544 000人和341 000人。同时,从奥、意、俄及其他国家移入德国的工人却增加了。根据1907年的人口调查,德国有1 342 294个外国人,其中产业工人有440 800人,农业工人有257 329人。① 法国的采矿工业工人"很大一部分"是外国人——波兰人、意大利人和西班牙人②。在美国,从东欧和南欧移入的侨民做工资最低的工作,在升为监工和做工资最高的工作的工人中,美国工人所占的百分比最大。③ 帝国主义有一种趋势,就是在工人中间也分化出一些特权阶层,并且使他们脱离广大的无产阶级群众。

　　必须指出:在英国,帝国主义分裂工人、加强工人中间的机会主义、造成工人运动在一段时间内腐化的这种趋势,在19世纪末和20世纪初以前很久,就已经表现出来了。因为英国从19世纪中叶起,就具备了帝国主义的两大特点:拥有广大的殖民地;在世界市场上占垄断地位。马克思和恩格斯在几十年中一直密切注视着工人运动中的机会主义和英国资本主义的帝国主义特点之间的

① 《德意志帝国统计》第211卷。
② 亨盖尔《法国的投资》1913年斯图加特版。
③ 古尔维奇《移民与劳动》1913年纽约版。

这种联系。例如,恩格斯在 1858 年 10 月 7 日给马克思的信中说:
"英国无产阶级实际上日益资产阶级化了,因而这一所有民族中
最资产阶级化的民族,看来想把事情最终弄到这样的地步,即**除了**
资产阶级,它还要有资产阶级化的贵族和资产阶级化的无产阶级。
自然,对一个剥削全世界的民族来说,这在某种程度上是有道理
的。"过了将近¼世纪,恩格斯又在 1881 年 8 月 11 日写的信里说
到了"被中产阶级收买了的,或至少是领取中产阶级报酬的人所
领导的最坏的英国工联"。恩格斯在 1882 年 9 月 12 日给考茨基
的信中又说:"您问我:英国工人对殖民政策的想法如何? 这和他
们对一般政策的想法一样。这里没有工人政党,只有保守派和自
由主义激进派,工人十分安然地分享英国在世界市场上的垄断权
和英国的殖民地垄断权。"①(恩格斯在 1892 年为《英国工人阶级
状况》第 2 版所写的序言中,也叙述了同样的看法。②)

　　这里已经把原因和后果明白地指出来了。原因是:(1)这个
国家剥削全世界;(2)它在世界市场上占有垄断地位;(3)它拥有
殖民地垄断权。后果是:(1)英国一部分无产阶级已经资产阶级
化了;(2)英国一部分无产阶级受那些被资产阶级收买或至少是
领取资产阶级报酬的人领导。在 20 世纪初,帝国主义完成了极少
数国家对世界的瓜分,其中每个国家现在都剥削着(指榨取超额
利润)"全世界"的一部分,只是比英国在 1858 年剥削的地方稍小
一点;每一个国家都由于托拉斯、卡特尔、金融资本以及债权人对

---

①　《马克思和恩格斯通信集》第 2 卷第 290 页;第 4 卷第 433 页。卡·考
　　茨基《社会主义与殖民政策》1907 年柏林版第 79 页;这本小册子是考
　　茨基在很早很早以前,当他还是马克思主义者的时候写的。**47**
②　见《马克思恩格斯选集》第 3 版第 1 卷第 64—80 页。——编者注

债务人的关系等等而在世界市场上占有垄断地位;每个国家都在一定程度上拥有殖民地垄断权(我们已经看到,世界上 7 500 万平方公里的**全部**殖民地中,有 **6 500 万**平方公里,即 **86%**集中在 6 个大国手里;有 **6 100 万**平方公里,即 81%集中在 3 个大国手里)。

现在局势的特点在于形成了以下这些经济政治条件:帝国主义已经从萌芽状态生长为统治的体系,资本主义垄断组织在国民经济和政治中居于首要地位,世界已经瓜分完毕;另一方面我们看到,作为整个 20 世纪初期特征的已经不是英国独占垄断权,而是少数帝国主义大国为分占垄断权而斗争。这些经济政治条件,不能不使机会主义同工人运动总的根本的利益更加不可调和。现在,机会主义已经不能像在 19 世纪后半期的英国那样,在一个国家的工人运动里取得完全胜利达几十年之久,但是它在许多国家里已经成熟,已经过度成熟,已经腐烂,并且作为社会沙文主义而同资产阶级的政策完全融合起来了。①

---

① 波特列索夫之流、契恒凯里之流、马斯洛夫之流等等先生们所代表的俄国社会沙文主义,无论是它的公开形式,或是它的隐蔽形式(如齐赫泽、斯柯别列夫、阿克雪里罗得、马尔托夫等先生),都是从机会主义的俄国变种即从取消主义生长起来的。

九 对帝国主义的批评

　　这里所说的对帝国主义的批评是指广义的批评,是指社会各阶级根据自己的一般意识形态对帝国主义政策所采取的态度。

　　集中在少数人手里的大量金融资本,建立了非常广泛而细密的关系和联系网,从而不仅控制了大批中小资本家,而且控制了大批最小的资本家和小业主,这是一方面;另一方面,同另一些国家的金融家集团为瓜分世界和统治其他国家而进行着尖锐的斗争,——这一切使所有的有产阶级全都转到帝国主义方面去了。"普遍"迷恋于帝国主义的前途,疯狂地捍卫帝国主义,千方百计地美化帝国主义,——这就是当代的标志。帝国主义的意识形态也渗透到工人阶级里面去了。工人阶级和其他阶级之间并没有隔着一道万里长城。德国现在的所谓"社会民主"党的领袖,被人们公正地称为"社会帝国主义者",即口头上的社会主义者,实际上的帝国主义者,而霍布森早在 1902 年,就已经指出英国存在着属于机会主义"费边社"[48]的"费边帝国主义者"了。

　　资产阶级的学者和政论家替帝国主义辩护,通常都是采用比较隐蔽的方式,掩盖帝国主义的完全统治和帝国主义的深刻根源,竭力把局部的东西和次要的细节放在主要的地位,拼命用一些根本无关紧要的"改良"计划,诸如由警察监督托拉斯或银行等等,来转移人们对实质问题的注意。至于那些肆无忌惮的露骨的帝国主义者的言论却比较少见,这些人倒敢于承认改良帝国主义的基本特性的想法是荒谬的。

举个例子来说吧。一些德国帝国主义者在《世界经济文汇》这一刊物中,力图考察殖民地的民族解放运动,当然特别是那些非德属殖民地的民族解放运动。他们提到了印度的风潮和抗议运动,纳塔尔(南部非洲)的运动,荷属印度的运动等等。其中有人在评论一家英国刊物有关亚、非、欧三洲受外国统治的各民族代表于 1910 年 6 月 28—30 日举行的从属民族和种族代表会议的报道时,对会议上的演说作了这样的评价,他说:"据称,必须同帝国主义作斗争;统治国应当承认从属民族的独立权;国际法庭应当监督大国同弱小民族订立的条约的履行。除了表示这些天真的愿望以外,代表会议并没有继续前进。我们看不出他们对下面这个真理有丝毫的了解:帝国主义同目前形式的资本主义有不可分割的联系,所以〈!!〉同帝国主义作直接的斗争是没有希望的,除非仅限于反对某些特别可恶的过火现象。"①因为用改良主义的方法修改帝国主义的基础不过是一种欺骗,是一种"天真的愿望",因为被压迫民族的资产阶级代表没有"继续"前进,所以压迫民族的资产阶级代表就"继续**后退**了,后退到在标榜"科学性"的幌子下向帝国主义卑躬屈膝的地步。这也是一种"逻辑"!

能不能用改良主义的方法改变帝国主义的基础?是前进,去进一步加剧和加深帝国主义所产生的种种矛盾呢,还是后退,去缓和这些矛盾?这些问题是对帝国主义批评的根本问题。帝国主义

---

① 《世界经济文汇》第 2 卷第 193 页。

在政治上的特点,是由金融寡头的压迫和自由竞争的消除引起的全面的反动和民族压迫的加强,所以在 20 世纪初期,几乎在所有帝国主义国家中都出现了反对帝国主义的小资产阶级民主派反对派。考茨基以及考茨基主义这一广泛的国际思潮背离马克思主义的地方,就在于考茨基不仅没有设法、没有能够使自己同这个经济上根本反动的小资产阶级改良主义反对派对立起来,反而在实践上和它同流合污。

1898 年对西班牙的帝国主义战争,在美国引起了"反帝国主义者",即资产阶级民主派的最后的莫希干人[49]的反对。他们把这次战争叫做"罪恶的"战争,认为兼并别国土地是违背宪法的,认为对菲律宾土著人领袖阿奎纳多的行为是"沙文主义者的欺骗"(先答应阿奎纳多给菲律宾以自由,后来又派美国军队登陆,兼并了菲律宾),并且引用了林肯的话:"白人自己治理自己是自治;白人自己治理自己同时又治理别人,就不是自治而是专制。"[①]但是,既然这全部批评都不敢承认帝国主义同托拉斯、也就是同资本主义的基础有不可分割的联系,不敢同大资本主义及其发展所造成的力量站在一起,那么这种批评就始终是一种"天真的愿望"。

霍布森批评帝国主义的时候所采取的基本立场也是如此。霍布森否认"帝国主义的不可避免性",呼吁必须"提高"居民的"消费能力"(在资本主义制度下!),比考茨基还早。用小资产阶级的观点批评帝国主义,批评银行支配一切,批评金融寡头等等的,还有我们屡次引用过的阿加德、阿·兰斯堡、路·埃施韦格,在法国作家中有《英国与帝国主义》这本肤浅的书(1900 年出版)的作者

---

① 约·帕图叶《美国帝国主义》1904 年第戎版第 272 页。

维克多·贝拉尔。所有这些人丝毫不想冒充马克思主义者,他们用自由竞争和民主来反对帝国主义,谴责势必引起冲突和战争的建筑巴格达铁路的计划,表示了维护和平的"天真的愿望"等等。最后还有从事国际证券发行统计的阿·奈马尔克,他在1912年计算出"国际"有价证券数达几千亿法郎的时候,不禁叫了起来:"难道可以设想和平会受到破坏吗? ……有了这样大的数字,还会去冒险挑起战争吗?"①

资产阶级经济学家这样天真,倒没有什么奇怪,而且他们显得这样天真,"郑重其事地"谈论帝国主义制度下的和平,对他们反而**是有利的**。可是考茨基在1914年、1915年、1916年也采取了这种资产阶级改良主义的观点,硬说在和平问题上,"大家〈帝国主义者、所谓社会党人和社会和平主义者〉意见都是一致的",试问他还有一点马克思主义的气味吗? 这不是分析和揭露帝国主义矛盾的深刻性,而不过是抱着一种改良主义的"天真的愿望",想撇开这些矛盾,回避这些矛盾。

下面是考茨基从经济上对帝国主义进行批评的典型例子。他举出1872年和1912年英国对埃及进出口的统计材料,看到这方面的进出口额比英国总的进出口额增长得慢。于是考茨基得出结论说:"我们没有任何根据认为,不用武力占领埃及而依靠单纯的经济因素的作用,英国同埃及的贸易就会增长得慢些。""资本扩张的意图""不通过帝国主义的暴力方法,而通过和平的民主能够实现得最好"。②

---

① 《国际统计研究所公报》第19卷第2册第225页。
② 考茨基《民族国家、帝国主义国家和国家联盟》1915年纽伦堡版第72页和第70页。

　　考茨基的这个论断,被他的俄国随从(也是俄国的一个为社会沙文主义者打掩护的人)斯佩克塔托尔先生用各种各样的调子重弹过的论断,是考茨基主义对帝国主义的批评的基础,所以我们必须较详细地谈一谈。我们从引证希法亭的言论开始,因为考茨基曾经多次(包括1915年4月那次在内)声称,希法亭的结论是"所有社会党人理论家一致同意的"。

　　希法亭写道:"无产阶级不应当用自由贸易时代的和敌视国家的那种已经落后的政策去反对向前发展了的资本主义政策。无产阶级对金融资本的经济政策的回答,对帝国主义的回答,不可能是贸易自由,而只能是社会主义。现在无产阶级政策的目的不可能是恢复自由竞争这样的理想(这种理想现在已经变成反动的理想了),而只能是通过消除资本主义来彻底消灭竞争。"①

　　考茨基维护对金融资本时代来说是"反动的理想",维护"和平的民主"和"单纯的经济因素的作用",从而背离了马克思主义,因为这个理想**在客观上**是开倒车,是从垄断资本主义倒退到非垄断资本主义,是一种改良主义的骗局。

　　如果**不用**武力占领,如果没有帝国主义,没有金融资本,那么英国同埃及(或者同其他殖民地或半殖民地)的贸易"就会增长得"快些。这是什么意思?这是不是说,如果自由竞争没有受到任何垄断的限制,没有受到金融资本的"联系"或压迫(这也是垄断)的限制,没有受到某些国家垄断地占有殖民地的限制,那么资本主义就会发展得快些呢?

　　考茨基的论断不可能有别的意思,而**这个**"意思"却是毫无意

---

① 《金融资本》第567页。

思的。就假定**会这样**,如果没有任何垄断,自由竞争**会**使资本主义和贸易发展得更快些。但是,要知道贸易和资本主义发展得愈快,**产生**垄断的生产和资本的集中就愈是加强。况且垄断**已经**产生了,恰好是**从**自由竞争中产生出来的! 即使现在垄断开始延缓发展,这也不能成为主张自由竞争的论据,因为在产生垄断以后自由竞争就不可能了。

不管你怎样把考茨基的论断翻来覆去地看,这里面除了反动性和资产阶级改良主义以外,没有任何别的东西。

即使把这种论断修改一下,像斯佩克塔托尔说的那样,现在英属殖民地同英国的贸易,比英属殖民地同其他国家的贸易发展得慢些,——这也挽救不了考茨基。因为打击英国的**也是**垄断,**也是**帝国主义,不过是其他国家的(美国的、德国的)垄断和帝国主义。大家知道,卡特尔导致了一种新型的、独特的保护关税,它所保护的(这一点恩格斯在《资本论》第3卷上就已经指出来了①)恰好是那些可供出口的物品。其次,大家知道,卡特尔和金融资本有一套"按倾销价格输出"的做法,也就是英国人所说的"抛售"的做法:卡特尔在国内按垄断的高价出卖产品,而在国外却按极低廉的价格销售,以便打倒自己的竞争者,把自己的生产扩大到最大限度等等。即使同英属殖民地的贸易,德国比英国发展得快些,那也只能证明德国帝国主义比英国帝国主义更新、更强大、更有组织、水平更高,而决不能证明自由贸易的"优越",因为这里并不是自由贸易同保护主义或殖民地附属关系作斗争,而是一个帝国主义同另一个帝国主义、一个垄断组织同另一个垄断组织、一个金融资本

① 见《马克思恩格斯文集》第7卷第136页。——编者注

同另一个金融资本作斗争。德国帝国主义对英国帝国主义的优势,比殖民地疆界的屏障或保护关税的壁垒更厉害。如果由此得出**主张**自由贸易与"和平的民主"的"论据",那是庸俗的,是忘掉帝国主义的基本特点和特性,是用小市民的改良主义来代替马克思主义。

有趣的是,甚至资产阶级经济学家阿·兰斯堡,虽然也同考茨基一样对帝国主义作了小市民式的批评,但是他对贸易统计材料毕竟作了比较科学的整理。他并不是随便拿一个国家,也不是单拿一个殖民地来同其余国家比较,而是拿一个帝国主义国家的两种输出作比较:第一种是对在金融上依附于它、向它借钱的国家的输出,第二种是对在金融上独立的国家的输出。结果如下:

德国的输出(单位百万马克)

		1889 年	1908 年	增加的百分数
对在金融上依附于德国的国家的输出	罗马尼亚	48.2	70.8	+ 47%
	葡萄牙	19.0	32.8	+ 73%
	阿根廷	60.7	147.0	+143%
	巴西	48.7	84.5	+ 73%
	智利	28.3	52.4	+ 85%
	土耳其	29.9	64.0	+114%
	总计	234.8	451.5	+ 92%
对在金融上不依附于德国的国家的输出	大不列颠	651.8	997.4	+ 53%
	法国	210.2	437.9	+108%
	比利时	137.2	322.8	+135%
	瑞士	177.4	401.1	+127%
	澳大利亚	21.2	64.5	+205%
	荷属印度	8.8	40.7	+363%
	总计	1 206.6	2 264.4	+ 87%

兰斯堡没有作**总结**,所以他令人奇怪地没有察觉:如果这些数字能够证明什么的话,那只能证明他自己**不对**,因为对在金融上不

独立的国家的输出,**毕竟**要比对在金融上独立的国家的输出增加得**快些**,虽然快得并不多(我们把"如果"两字加上着重标记,是因为兰斯堡的统计还是很不完全的)。

兰斯堡在考察输出和贷款的关系时写道:

"在1890—1891年度,罗马尼亚通过几家德国银行签订了一项债约。其实在前几年,这些德国银行就已经在提供这笔贷款了。这笔贷款主要是用来向德国购买铁路材料的。1891年德国对罗马尼亚的输出是5 500万马克。下一年就降到3 940万马克;以后断断续续地下降,到1900年一直降到2 540万马克。直到最近几年,因为有了两笔新的贷款,才又达到了1891年的水平。

德国对葡萄牙的输出,由于1888—1889年度的贷款而增加到2 110万马克(1890年),在以后两年内,又降到1 620万马克和740万马克,直到1903年才达到原先的水平。

德国同阿根廷贸易的材料更为明显。由于1888年和1890年的两次贷款,德国对阿根廷的输出在1889年达到了6 070万马克。两年后,输出只有1 860万马克,还不到过去的$\frac{1}{3}$。直到1901年,才达到并超过1889年的水平,这是同发行新的国家债券和市政债券,同出资兴建电力厂以及其他信贷业务有关的。

德国对智利的输出,由于1889年的贷款,增加到4 520万马克(1892年),一年后降到了2 250万马克。1906年通过德国几家银行签订了一项新的债约以后,输出又增加到8 470万马克(1907年),而到1908年又降到了5 240万马克。"①

兰斯堡从这些事实中得出了一种可笑的小市民说教:同贷款

---

① 1909年《银行》杂志第2期第819页及以下各页。

相联系的输出是多么不稳定、不均衡;把资本输出国外而不用来"自然地"、"和谐地"发展本国工业,是多么不好;办理外国债券时,克虏伯要付出几百万的酬金,代价是多么"巨大",等等。但是事实清楚地说明:输出的增加,**恰好**是同金融资本的骗人勾当相联系的,金融资本并不关心什么资产阶级的说教,它要从一头牛身上剥下两张皮来:第一张皮是从贷款取得的利润,第二张皮是在**同一笔**贷款被用来购买克虏伯的产品或钢铁辛迪加的铁路材料等等时取得的利润。

再说一遍,我们决不认为兰斯堡的统计是完备的,但是必须加以引用,因为它比考茨基和斯佩克塔托尔的统计科学一些,因为兰斯堡提供了对待问题的正确方法。要议论金融资本在输出等等方面的作用,就要善于着重地、专门地说明输出同金融家骗人勾当的联系,同卡特尔产品的销售等等的联系。简单地拿殖民地同非殖民地比较,拿一个帝国主义同另一个帝国主义比较,拿一个半殖民地或殖民地(如埃及)同其余一切国家比较,那就正是回避和掩饰问题的**实质**。

考茨基在理论上对帝国主义进行的批评,其所以同马克思主义毫无共同之点,其所以只能用来鼓吹同机会主义者和社会沙文主义者保持和平和统一,就是因为这种批评恰恰回避和掩饰了帝国主义最深刻、最根本的矛盾:垄断同与之并存的自由竞争的矛盾,金融资本的庞大"业务"(以及巨额利润)同自由市场上"诚实的"买卖的矛盾,卡特尔、托拉斯同没有卡特尔化的工业的矛盾等等。

考茨基胡诌出来的那个臭名昭著的"超帝国主义"论,也具有完全相同的反动性质。请把考茨基在 1915 年关于这个问题的论断同霍布森在 1902 年的论断比较一下。

考茨基说:"……现在的帝国主义的政策会不会被一种新的超帝国主义的政策所取代,这种新的超帝国主义的政策,将以实行国际联合的金融资本共同剥削世界来代替各国金融资本的相互斗争。不管怎样,资本主义的这样一个新阶段是可以设想的。至于它能否实现,现在还没有足够的前提对此作出判断。"①

霍布森说:"基督教在各自占有若干未开化的属地的少数大联邦帝国里已经根深蒂固了,很多人觉得基督教正是现代趋势的最合理的发展,并且是这样一种发展,它最有希望在国际帝国主义的巩固的基础上达到永久的和平。"

被考茨基叫做超帝国主义的东西,也就是霍布森比他早 13 年叫做国际帝国主义的那个东西。除了用一个拉丁语词头代替另一个词头,编造出一个深奥的新词以外,考茨基的"科学"见解的唯一的进步,就是企图把霍布森所描写的东西,实质上是英国牧师的伪善言词,冒充为马克思主义。在英布战争以后,英国牧师这一高贵等级把主要力量用来**安慰**那些在南部非洲作战丧失了不少生命,并且为保证英国金融家有更高的利润而交纳了更高捐税的英国小市民和工人,这本来是很自然的。除了说帝国主义并不那么坏,说它很快就要成为能够保障永久和平的国际(或超)帝国主义,还能有什么更好的安慰呢? 不管英国的牧师或甜蜜的考茨基抱着什么样的善良意图,考茨基的"理论"的客观即真正的社会意义只有一个,就是拿资本主义制度下可能达到永久和平的希望,对群众进行最反动的安慰,其方法就是使人们不去注意现代的尖锐

① 1915 年 4 月 30 日《新时代》杂志第 144 页。

矛盾和尖锐问题,而去注意某种所谓新的将来的"超帝国主义"的虚假前途。在考茨基的"马克思主义"理论里,除了对群众的欺骗以外,没有任何别的东西。

其实只要同那些人人皆知的不容争辩的事实好好对比一下,就会清楚地知道,考茨基硬要德国工人(和各国工人)相信的那种前途是多么虚假。拿印度、印度支那和中国来说吧。谁都知道,这三个共有 6 亿—7 亿人口的殖民地和半殖民地的国家,是受英、法、日、美等几个帝国主义大国的金融资本剥削的。假定这些帝国主义国家组成了几个彼此敌对的联盟,以保持或扩大它们在上述亚洲国家中的领地、利益和"势力范围",这将是一些"国际帝国主义的"或"超帝国主义的"联盟。假定**所有**帝国主义大国组成一个联盟来"和平"瓜分上述亚洲国家,这将是一种"实行国际联合的金融资本"。在 20 世纪的历史上就有这种联盟的实际例子,如列强共同对付中国[50]就是这样。试问,在保存着资本主义的条件下(考茨基正是以这样的条件为前提的),"可以设想"这些联盟不是暂时的联盟吗?"可以设想"这些联盟会消除各种各样的摩擦、冲突和斗争吗?

只要明确地提出问题,就不能不给以否定的回答。因为在资本主义制度下,瓜分势力范围、利益和殖民地等等,除了以瓜分者的**实力**,也就是以整个经济、金融、军事等等的实力为根据外,**不可**能设想有其他的根据。而这些瓜分者的实力的变化又各不相同,因为在资本主义制度下,各个企业、各个托拉斯、各个工业部门、各个国家的发展不可能是**平衡的**。如果拿半个世纪以前德国的资本主义实力同当时英国的实力相比,那时德国还小得可怜;日本同俄国相比,也是如此。是否"可以设想"一二十年之后,帝国主义大国的实力对比依然**没有**变化呢？绝对不可以。

所以，资本主义现实中的（而不是英国牧师或德国"马克思主义者"考茨基的庸俗的小市民幻想中的）"国际帝国主义的"或"超帝国主义的"联盟，不管形式如何，不管是一个帝国主义联盟去反对另一个帝国主义联盟，还是**所有**帝国主义大国结成一个总联盟，都**不可**避免地只会是两次战争之间的"喘息"。和平的联盟准备着战争，同时它又是从战争中生长出来的，两者互相制约，在世界经济和世界政治的帝国主义联系和相互关系这个**同一**基础上，形成和平斗争形式与非和平斗争形式的彼此交替。聪明绝顶的考茨基为了安定工人，使他们同投到资产阶级方面去的社会沙文主义者调和，就把一条链子上的这一环节同另一环节**割开**，把今天**所有**大国为了"安定"中国（请回忆一下对义和团起义的镇压）而结成的和平的（而且是超帝国主义的，甚至是超而又超的帝国主义的）联盟，同明天的、非和平的冲突割开，而这种非和平的冲突，又准备着后天"和平的"总联盟来瓜分譬如说土耳其，**如此**等等。考茨基不提帝国主义和平时期同帝国主义战争时期之间的活生生的联系，而把僵死的抽象概念献给工人，是为了使工人同他们那些僵死的领袖调和。

美国人希尔在他的《欧洲国际关系发展中的外交史》一书序言中，把现代外交史分为以下几个时期：（1）革命时代；（2）立宪运动；（3）当今的"商业帝国主义"时代①。另一个作家则把1870年以来的大不列颠"世界政策"史分为四个时期：（1）第一个亚洲时期（反对俄国在中亚朝印度方向扩张）；（2）非洲时期（大约在

———————————

① 戴维·杰恩·希尔《欧洲国际关系发展中的外交史》第1卷第X页。

1885—1902 年),为了瓜分非洲而同法国斗争(1898 年的"法索达"事件**51**,——差一点同法国作战);(3)第二个亚洲时期(与日本缔约反对俄国);(4)"欧洲"时期,主要是反对德国①。早在 1905 年,银行"活动家"里塞尔就说过:"政治前哨战是在金融的基础上开展起来的。"他指出,法国金融资本在意大利进行活动,为法意两国的政治联盟作了准备;德英两国为了争夺波斯以及所有欧洲国家的资本为了贷款给中国而展开了斗争,等等。这就是"超帝国主义的"和平联盟同普通帝国主义的冲突有不可分割的联系的活生生的现实。

考茨基掩盖帝国主义的最深刻的矛盾,就必然会美化帝国主义,这在他对帝国主义政治特性的批评中也表现出来了。帝国主义是金融资本和垄断组织的时代,金融资本和垄断组织到处都带有统治的趋向而不是自由的趋向。这种趋势的结果,就是在一切政治制度下都发生全面的反动,这方面的矛盾也极端尖锐化。民族压迫、兼并的趋向即破坏民族独立的趋向(因为兼并正是破坏民族自决)也变本加厉了。希法亭很正确地指出了帝国主义和民族压迫加剧之间的联系,他写道:"在新开辟的地区,输入的资本加深了各种矛盾,引起那些有了民族自觉的人民对外来者的愈来愈强烈的反抗;这种反抗很容易发展成为反对外国资本的危险行动。旧的社会关系发生了根本的变革,各'史外民族'千年来的农村闭塞状态日益被破坏,他们正被卷到资本主义的漩涡中去。资本主义本身在逐渐地为被征服者提供解放的手段和方法。于是他们也就提出了欧洲民族曾经认为是至高无上的目标:建立统一的

———————————

① 施尔德尔的上述著作第 178 页。

民族国家,作为争取经济自由和文化自由的手段。这种独立运动,使欧洲资本在它那些最有价值的、最有光辉前途的经营地区受到威胁;因此,欧洲资本只有不断地增加自己的兵力,才能维持自己的统治。"①

对此还要补充的是,帝国主义不仅在新开辟的地区,而且在原有地区也实行兼并,加紧民族压迫,因而也使反抗加剧起来。考茨基表示反对帝国主义加强政治上的反动,然而他不去说明在帝国主义时代决不能同机会主义者统一这个变得十分迫切的问题。他表示反对兼并,然而采取的却是毫不触犯机会主义者、最容易为机会主义者接受的方式。他是直接对德国听众说话的,然而他恰恰把最重要、最有现实意义的事实,例如德国兼并阿尔萨斯—洛林的事实掩盖起来。为了评价考茨基的这种"思想倾向",我们来举一个例子。假定日本人指责美国人兼并菲律宾,试问会不会有很多人相信这是因为他根本反对兼并,而不是因为他自己想要兼并菲律宾呢? 是不是应当承认,只有日本人起来反对日本兼并朝鲜,要求朝鲜有从日本分离的自由,才能认为这种反对兼并的"斗争"是真挚的,政治上是诚实的呢?

考茨基对帝国主义的理论分析,以及他在经济上和政治上对帝国主义的批评,都**始终**贯穿着一种同马克思主义绝不相容的、掩饰和缓和最根本矛盾的精神,一种尽力把欧洲工人运动中同机会主义的正在破裂的统一保持下去的意图。

---

① 《金融资本》第 487 页。

十　帝国主义的历史地位

我们已经看到,帝国主义就其经济实质来说,是垄断资本主义。这就决定了帝国主义的历史地位,因为在自由竞争的基础上、而且正是从自由竞争中生长起来的垄断,是从资本主义社会经济结构向更高级的结构的过渡。必须特别指出能够说明我们研究的这个时代的垄断的四种主要形式,或垄断资本主义的四种主要表现。

第一,垄断是从发展到很高阶段的生产集中生长起来的。这指的是资本家的垄断同盟卡特尔、辛迪加、托拉斯。我们看到,这些垄断同盟在现代经济生活中起着多么大的作用。到 20 世纪初,它们已经在各先进国家取得了完全的优势。如果说,最先走上卡特尔化道路的,是那些实行高额保护关税制的国家(德国和美国),那么实行自由贸易制的英国也同样表明了垄断由生产集中产生这个基本事实,不过稍微迟一点罢了。

第二,垄断导致加紧抢占最重要的原料产地,尤其是资本主义社会的基础工业部门,即卡特尔化程度最高的工业部门,如煤炭工业和钢铁工业所需要的原料产地。垄断地占有最重要的原料产地,大大加强了大资本的权力,加剧了卡特尔化的工业和没有卡特尔化的工业之间的矛盾。

第三,垄断是从银行生长起来的。银行已经由普通的中介企业变成了金融资本的垄断者。在任何一个最先进的资本主义国家中,为数不过三五家的最大银行实行工业资本同银行资本的"人事结合",集中支配着占全国资本和货币收入很大部分的几十亿几十亿资金。金融寡头给现代资产阶级社会中所有一切经济机构和政治机构罩上了一层依附关系的密网,——这就是这种垄断的最突出的表现。

第四,垄断是从殖民政策生长起来的。在殖民政策的无数"旧的"动机以外,金融资本又增加了争夺原料产地、争夺资本输出、争夺"势力范围"(即进行有利的交易、取得租让、取得垄断利润等等的范围)直到争夺一般经济领土的动机。例如,当欧洲大国在非洲的殖民地占非洲面积十分之一的时候(那还是1876年的情况),殖民政策可以用非垄断的方式,用所谓"自由占领"土地的方式发展。但是,当非洲十分之九的面积已经被占领(到1900年时)、全世界已经瓜分完毕的时候,一个垄断地占有殖民地、因而使瓜分世界和重新瓜分世界的斗争特别尖锐起来的时代就不可避免地到来了。

垄断资本主义使资本主义的一切矛盾尖锐到什么程度,这是大家都知道的。只要指出物价高涨和卡特尔的压迫就够了。这种矛盾的尖锐化,是从全世界金融资本取得最终胜利时开始的过渡历史时期的最强大的动力。

垄断,寡头统治,统治趋向代替了自由趋向,极少数最富强的国家剥削愈来愈多的弱小国家,——这一切产生了帝国主义的这样一些特点,这些特点使人必须说帝国主义是寄生的或腐朽的资本主义。帝国主义的趋势之一,即形成为"食利国"、高利贷国的趋势愈来愈显著,这种国家的资产阶级愈来愈依靠输出资本和"剪息票"为生。如果以为这一腐朽趋势排除了资本主义的迅速发展,那就错了。不,在帝国主义时代,某些工业部门,某些资产阶级阶层,某些国家,不同程度地时而表现出这种趋势,时而又表现出那种趋势。整个说来,资本主义的发展比从前要快得多,但是这种发展不仅一般地更不平衡了,而且这种不平衡还特别表现在某些资本最雄厚的国家(英国)的腐朽上面。

论述德国大银行的那本著作的作者里塞尔谈到德国经济发展的速度时说:"德国前一个时代(1848—1870年)的进步并不太慢,但是同德国现时代(1870—1905年)整个经济特别是银行业发展的速度比起来,就好像拿旧时邮车的速度同现代汽车的速度相比一样;现代汽车行驶之快,对于不小心的行人和坐汽车的人都是很危险的。"这个已经异常迅速地生长起来的金融资本,正因为生长得这样迅速,所以它不反对转向比较"安稳地"占有殖民地,而这些殖民地是要用不单是和平的手段从更富有的国家手里夺取的。美国近几十年来经济的发展比德国还要快,正**因为**如此,最新的美国资本主义的寄生性特征就表现得特别鲜明。另一方面,就拿共和派的美国资产阶级同君主派的日本或德国的资产阶级作比较,也可以看出:在帝国主义时代,它们之间极大的政治差别大大减弱了,这倒不是因为这种差别根本不重要,而是因为在所有这些场合谈的都是具有明显寄生性特征的资产阶级。

许多工业部门中的某一部门、许多国家中的某一国家的资本家获得了垄断高额利润,在经济上就有可能把工人中的某些部分,一时甚至是工人中数量相当可观的少数收买过去,把他们拉到该部门或该国家的资产阶级方面去反对其他一切部门或国家。帝国主义国家因瓜分世界而加剧的对抗,更加强了这种趋向。于是形成了帝国主义同机会主义的联系,这种联系在英国表现得最早而且最鲜明,因为某些帝国主义发展特点的出现,在英国比在其他国家早得多。有些作家,例如尔·马尔托夫,爱用一种"官场的乐观主义的"(同考茨基、胡斯曼一样)论断,来回避帝国主义同工人运动中的机会主义相联系这个现在特别引人注目的事实,说什么假如正是先进的资本主义会加强机会主义,或者,假如正是待遇最好的工人倾向于机会主义,那么反对资本主义的人们的事业就会没有希望了,等等。不要看错了这种"乐观主义"的意义:这是对机会主义的乐观主义,这是用来掩护机会主义的乐观主义。其实,机会主义特别迅速和特别可恶的发展,决不能保证机会主义取得巩固的胜利,正像健康的身体上的恶性脓疮的迅速发展,只能加速脓疮破口而使身体恢复健康一样。在这方面最危险的是这样一些人,他们不愿意了解:反对帝国主义的斗争,如果不同反对机会主义的斗争密切联系起来,就是空话和谎言。

根据以上对帝国主义的经济实质的全部论述可以得出一个结论,即应当说帝国主义是过渡的资本主义,或者更确切些说,是垂死的资本主义。在这一方面特别耐人寻味的是,资产阶级经济学家在描述最新资本主义时也常用"交织"、"不存在孤立状态"等等这样一些说法;他们也说什么银行"就其任务和发展而言,不是带有单纯私有经济性质的企业,而是日益超出单纯私有经济调节范围的企业"。而就是讲这话的里塞尔,却又非常郑重地宣称,马克思主义者关于"社会化"的"预言""并没有实现"!

"交织"这个说法说明了什么呢? 它只抓住了我们眼前发生的这个过程的最引人注目的一点。它表明观察者只看到一棵棵的

1925—1949 年我国出版的
列宁《帝国主义是资本主义的最高阶段》一书的部分中译本

树木而看不到森林。它盲目地复写表面的、偶然的、紊乱的现象。它暴露出观察者被原始材料压倒了,完全没有认识这些材料的含义和意义。股票的占有,私有者的关系,都是"偶然交织在一起的"。但是隐藏在这种交织现象底下的,构成这种交织现象的基础的,是正在变化的社会生产关系。既然大企业变得十分庞大,并且根据对大量材料的精确估计,有计划地组织原料的供应,其数量达几千万居民所必需的全部原料的$\frac{2}{3}$甚至$\frac{3}{4}$,既然运送这些原料到最便利的生产地点(有时彼此相距数百里数千里)是有步骤地进行的,既然原料的依次加工直到制成许多种成品的所有工序是由一个中心指挥的,既然这些产品分配给数千万数万万的消费者是按照一个计划进行的(在美、德两国,煤油都是由美国煤油托拉斯销售的),那就看得很清楚,摆在我们面前的就是生产的社会化,而决不是单纯的"交织";私有经济关系和私有制关系已经变成与内容不相适应的外壳了,如果人为地拖延消灭这个外壳的日子,那它就必然要腐烂,——它可能在腐烂状态中保持一个比较长的时期(在机会主义的脓疮迟迟不能治好的最坏情况下),但终究不可避免地要被消灭。

德国帝国主义的狂热崇拜者舒尔采-格弗尼茨惊叹道:

"如果领导德国银行的责任归根到底是落在十来个人身上,那么现在他们的活动对于人民福利说来,就比大多数国务大臣的活动还要重要〈在这里,把银行家、大臣、工业家和食利者"交织"的情形忘掉,是更有利的……〉……如果把我们所看到的那些趋势的发展情况彻底想一番,那么结果就会是:一国的货币资本汇集在银行手里;银行又互相联合为卡特尔;一国寻找投资场所的资本都化为有价证券。到那时就会实现圣西门的天才预言:'现在生产的无政府状态是同经济关系的发展缺乏统一的调节这个事实相适应的,这种状态应当被有组织的生产所代替。指挥生产的将不是那些彼此隔离、互不依赖、不知道人们经济要求的企业家;这种事情将由某种社会机构来办理。有可能从更高的角度去观察广阔的社会经济领域的中央管理委员会,将把这种社会经济调节得有利于全社会,把生产资料交给适当的人运用,尤其是将设法使生产和消费经常处于协调的状态。现在有一种机构已经把某种组织经济工作的活动包括在自己的任务以内了,这种机构就是银行。'我们现在还远远没有实现圣西门的这些预言,但是我们已经走在实现这一预言的道路上:这是和马克思本人所设想的马克思主义不同的马克思主义,不过只是形式上不同。"[1]

这真是对马克思的一个绝妙的"反驳",这样就从马克思的精确科学分析倒退到圣西门的猜测上去了,那虽然是天才的猜测,但终究只是猜测而已。

1917年年中在彼得格勒由生活和知识出版社印成单行本;法文版和德文版序言载于1921年《共产国际》杂志第18期

选自《列宁选集》第3版修订版第2卷第575—688页

---

[1] 《社会经济概论》第146页。

注　释

1　指英国经济学家约·阿·霍布森的《帝国主义》一书。该书于 1902 年在伦敦出版,列宁曾于 1904 年翻译过。列宁在《关于帝国主义的笔记》中对它作了详细的分析和摘录(见《列宁全集》中文第 2 版第 54 卷《笔记"κ"("卡帕")》中的《约·阿·霍布森:〈帝国主义〉》),指出该书"一般说来是有益的,特别有益的是它有助于揭露考茨基主义在这一问题上的主要虚伪之处"(同上书,《笔记"β"("贝塔")》中的《评卡·考茨基论帝国主义》)。列宁在利用霍布森这部著作中的大量事实材料的同时,批判了他的改良主义的结论和暗中维护帝国主义的企图。——3。

2　《帝国主义是资本主义的最高阶段》一书德文版于 1921 年出版,法文版于 1923 年出版。这篇专为法文版和德文版写的序言先以《帝国主义和资本主义》为题刊载于 1921 年 10 月《共产国际》杂志第 18 期。——5。

3　布列斯特-里托夫斯克和约是 1918 年 3 月 3 日苏维埃俄国在布列斯特-里托夫斯克同德国、奥匈帝国、保加利亚和土耳其签订的条约,3 月 15 日经全俄苏维埃第四次(非常)代表大会批准。和约共 14 条,另有一些附件。根据和约,苏维埃共和国同四国同盟之间停止战争状态。波兰、立陶宛全部、白俄罗斯和拉脱维亚部分地区脱离俄国。苏维埃俄国应从拉脱维亚和爱沙尼亚撤军,由德军进驻。德国保有里加湾和蒙海峡群岛。苏维埃军队撤离乌克兰、芬兰和奥兰群岛,并把阿尔达汉、卡尔斯和巴统各地区让与土耳其。苏维埃俄国总共丧失 100 万平方公里土地(含乌克兰)。此外,苏维埃俄国必须复员全部军队,承认乌克兰中央拉达同德国及其盟国缔结的和约,并须同中央拉达签订和约和确定俄国同乌克兰的边界。布列斯特和约恢复了对苏维埃俄国极其不利而对德国有利的 1904 年的关税税率。1918 年 8 月 27 日在柏林签订了俄德财政协定,规定俄国必须以各种形式向德国交付 60 亿马克的赔款。布列斯特和约是当时刚建立的苏维埃政权为了摆脱帝国主义战争,集中力量巩固十月革命取得的胜利而实行的一种革命的妥协。这个和约的签订,虽然使苏维埃俄国受到割地赔款的巨大损失,但是没有触动十月革命的根本成果,并为年轻的苏维埃共和国赢得了和平喘息时机去巩固无产阶级专政,整顿国家经济和建立正规红军,为后来击溃白卫军和帝国主义的武装干涉创造了条件。1918 年德国十一月革命推翻了威廉二世的政权。1918 年 11 月 13 日,全俄中央执行委员会宣布废除布列斯特和约。——7。

4 凡尔赛和约即第一次世界大战后英、法、意、日等国对德和约,于 1919 年 6 月 28 日在巴黎郊区凡尔赛宫签订。和约的主要内容是,德国将阿尔萨斯—洛林归还法国,萨尔煤矿归法国;德国的殖民地由英、法、日等国瓜分;德国向美、英、法等国交付巨额赔款;德国承认奥地利独立;限制德国军备,把莱茵河以东 50 公里的地区划为非军事区。中国虽是战胜国,但和约却把战前德国在山东的特权交给了日本。这种做法遭到了中国人民的强烈反对,中国代表因而没有在和约上签字。列宁认为凡尔赛和约"是一个闻所未闻的、掠夺性的和约,它把亿万人,其中包括最文明的一部分人,置于奴隶地位"(见《列宁全集》中文第 2 版第 39 卷第 352 页)。——7。

5 威尔逊主义指美国总统伍·威尔逊的一套用资产阶级和平主义和改良主义装扮起来的反动的对内对外政策。1913 年威尔逊就任总统以后,进行了一些无损于资产阶级根本利益的"改革",实行了关税法、累进所得税法、反托拉斯法等等,同时残酷地镇压工人运动。第一次世界大战爆发后,他一方面发表"中立"宣言和"没有胜利的和平"的演说,另一方面加紧向拉丁美洲扩张。1917 年美国参战后,他又叫嚷"以战争拯救世界民主"。1918 年 1 月 8 日,他提出了所谓"十四点"和平纲领。在巴黎和会上,他参与制定了掠夺性的凡尔赛和约,并积极支持日本帝国主义侵略中国的要求。列宁在共产国际第二次代表大会上所作的《关于国际形势和共产国际基本任务的报告》中谈到了威尔逊主义的实质和威尔逊政策的破产（参看《列宁全集》中文第2版第39卷第212—213页）。——7。

6 巴塞尔宣言即1912年11月24—25日在巴塞尔举行的国际社会党非常代表大会通过的《国际局势和社会民主党反对战争危险的统一行动》决议，德文本称《国际关于目前形势的宣言》，即著名的巴塞尔宣言。宣言谴责了各国资产阶级政府的备战活动，揭露了即将到来的战争的帝国主义性质，号召各国人民起来反对帝国主义战争。宣言斥责了帝国主义的扩张政策，号召社会党人为反对一切压迫小民族的行为和沙文主义的表现而斗争。宣言写进了1907年斯图加特代表大会决议中列宁提出的基本论点：帝国主义战争一旦爆发，社会党人就应该利用战争所造成的经济危机和政治危机，来加速资本主义的崩溃，进行社会主义革命。——7。

7 指伯尔尼国际。伯尔尼国际是持社会沙文主义、机会主义和中派主义立场的各国社会民主党的领袖们在1919年2月伯尔尼代表会议上成立的联盟。伯尔尼国际的领袖是卡·亚·布兰亭、卡·考茨基、爱·伯恩施坦、皮·列诺得尔等。他们力图恢复已于1914年瓦解的第二国际，阻挠革命和共产主义运动的发展，防止成立共产国际。他们反对苏维埃俄国的无产阶级专政，颂扬资产阶级民主。1921年2月，德国独立社会民主党、奥地利社会民主党、法国社会党、英国独立工党等退出伯尔尼国际，成立了维也纳国际（第二半国际）。1923年5月，在革命斗争浪潮开始低落的形势下，伯尔尼国际同维也纳国际合并成为社会主义工人国际。——8。

8 德国独立社会民主党是中派政党，1917年4月在哥达成立。代表人物是卡·考茨基、胡·哈阿兹、鲁·希法亭、格·累德堡等。基本核心是中派组织"工作小组"。该党以中派言词作掩护，宣传同公开的社会沙文主义者"团结"，放弃阶级斗争。1917年4月—1918年底，斯巴达克派曾参加该党，但保持组织上和政治上的独立，继续进行秘密工作，并帮助工人党员摆脱中派领袖的影响。1920年10月，德国独立社会民主党在该党哈雷代表大会上发生了分裂，很大一部分党员于1920年12月同德国共产党合并。右派分子单独成立了一个党，仍称德国独立社会民主党,存在到 1922 年。——9。

9 社会革命党人是俄国最大的小资产阶级政党社会革命党的成员。该党是 1901 年底—1902 年初由南方社会革命党、社会革命党人联合会、老民意党人小组、社会主义土地同盟等民粹派团体联合而成的。成立时的领导人有马·安·纳坦松、叶·康·布列什柯-布列什柯夫斯卡娅、尼·谢·鲁萨诺夫、维·米·切尔诺夫、米·拉·郭茨、格·安·格尔舒尼等,正式机关报是《革命俄国报》(1901—1904 年)和《俄国革命通报》杂志(1901—1905 年)。社会革命党人的理论观点是民粹主义和修正主义思想的折中混合物。他们否认无产阶级和农民之间的阶级差别,抹杀农民内部的矛盾,否认无产阶级在资产阶级民主革命中的领导作用。在土地问题上,社会革命党人主张消灭土地私有制,按照平均使用原则将土地交村社支配,发展各种合作社。在策略方面,社会革命党人采用了社会民主党人进行群众性鼓动的方法,但主要斗争方法还是搞个人恐怖。为了进行恐怖活动,该党建立了事实上脱离该党中央的秘密战斗组织。

　　在 1905—1907 年俄国第一次革命中,社会革命党曾在农村开展焚烧地主庄园、夺取地主财产的所谓"土地恐怖"运动,并同其他政党一起参加武装起义和游击战,但也曾同资产阶级的解放社签订协议。在国家杜马中,该党动摇于社会民主和立宪民主之间。该党内部的不统一造成了 1906 年的分裂,其右翼和极左翼分别组成了人民社会党和最高纲领派社会革命党人联合会。在斯托雷平反动时期,社会革命党经历了思想上、组织上的严重危机。在第一次世界大战期间,社会革命党的大多数领导人采取了社会沙文主义的立场。1917 年二月革命后,社会革命党中央实行妥协主义和阶级调和的政策,党的领导人亚·费·克伦斯基、尼·德·阿夫克森齐耶夫、维·米·切尔诺夫等参加了资产阶级临时政府。七月事变时期该党公开转向资产阶级方面。社会革命党中央的妥协政策造成党的分裂,左翼于 1917 年 12 月组成了一个独立政党——左派社会革命党。十月革命后,社会革命党人(右派和中派)公开进行反苏维埃的活动,在国内战争时期进行反对苏维埃政权的武装斗争,对共产党和苏维埃政权的领导人实行个人恐怖。内战结束后,他们在"没有共产党人参加的苏维埃"的口号下组织了一系列叛乱。

1922 年,社会革命党彻底瓦解。——9。

10 斯巴达克派(国际派)是德国左派社会民主党人的革命组织,第一次世界大战初期形成,创建人和领导人有卡·李卜克内西、罗·卢森堡、弗·梅林、克·蔡特金、尤·马尔赫列夫斯基、莱·约吉希斯(梯什卡)、威·皮克等。1915 年 4 月,卢森堡和梅林创办了《国际》杂志,这个杂志是团结德国左派社会民主党人的主要中心。1916 年 1 月 1 日,全德左派社会民主党人代表会议在柏林召开,会议决定正式成立组织,取名为国际派。代表会议通过了一个名为《指导原则》的文件,作为该派的纲领,这个文件是在卢森堡主持和李卜克内西、梅林、蔡特金参与下制定的。1916 年—1918 年 10 月,该派定期出版秘密刊物《政治书信》,署名斯巴达克,因此该派也被称为斯巴达克派。1917 年 4 月,斯巴达克派加入了德国独立社会民主党,但保持组织上和政治上的独立。斯巴达克派在群众中进行革命宣传,组织反战活动,领导罢工,揭露世界大战的帝国主义性质和社会民主党机会主义领袖的叛卖行为。斯巴达克派在理论和策略问题上也犯过一些错误,列宁曾屡次给予批评和帮助。1918 年 11 月,斯巴达克派改组为斯巴达克联盟,12 月 14 日公布了联盟的纲领。1918 年底,联盟退出了独立社会民主党,并在 1918 年 12 月 30 日—1919 年 1 月 1 日举行的全德斯巴达克派和激进派代表会议上创建了德国共产党。——9。

11 凡尔赛派是指法国 1871 年巴黎公社起义胜利后在凡尔赛成立的以阿·梯也尔为首的反革命资产阶级政府的拥护者。凡尔赛派对公社战士实行极为残酷的镇压,是巴黎公社最凶狠的敌人。1871 年后,凡尔赛派一词成了灭绝人性的反革命派的同义语。——10。

12 美西战争是指 1898 年美国对西班牙发动的战争。1898 年 4 月,在古巴摆脱西班牙殖民统治的起义取得决定性胜利时,美国借口其战舰"缅因"号在哈瓦那港口被炸沉而对西班牙宣战,向西属殖民地发动进攻。7 月,西班牙战败求和,12 月在巴黎签订和约。西班牙将其殖民地菲律宾、关岛、波多黎各割让给美国。古巴形式上取得独立,实际上成为美国的保护国。列宁称这场战争为重新瓜分世界的第一次帝国主义战争。——11。

注　释

13 英布战争亦称布尔战争,是指 1899 年 10 月—1902 年 5 月英国对布尔人的战争。布尔人是南非荷兰移民的后裔,19 世纪建立了德兰士瓦共和国和奥兰治自由邦。为了并吞这两个黄金和钻石矿藏丰富的国家,英国发动了这场战争。由于布尔人战败,这两个国家丧失了独立,1910年被并入英国自治领南非联邦。——11。

14 列宁在《帝国主义是资本主义的最高阶段》和《关于帝国主义的笔记》中,不止一次地引用过鲁·希法亭的《金融资本》一书。列宁在肯定这本书对帝国主义的理论分析的同时,也批评了作者在帝国主义的一些重要问题上的非马克思主义的论点和结论(参看《列宁全集》中文第 2版第 54 卷《笔记"ϑ"("太塔")》中的《希法亭:〈金融资本〉》和《笔记"o"("奥米克隆")》中的《希法亭(考茨基主义观点)》)。——11。

15 指德国社会民主党开姆尼茨代表大会于 1912 年 9 月 20 日通过的关于帝国主义和社会党人对战争的态度的决议。该决议谴责帝国主义政策,强调争取和平的重要性。决议指出:"虽然只有通过铲除资本主义经济方式才能彻底消灭帝国主义这个资本主义经济方式的产物,但不能放弃任何旨在减少其一般性危险作用的工作。党代表大会决心尽一切可能促成各民族之间的谅解和保卫和平。党代表大会要求通过国际协定来结束军备竞赛,因为它威胁和平,给人类带来可怕的灾难。……党代表大会希望,党员同志要全力以赴、孜孜不倦地为扩大觉悟了的无产阶级的政治、工会和合作社组织而奋斗,以便更强有力地反对专横跋扈的帝国主义,直到它被打倒为止。无产阶级的任务就是使已经发展到最高阶段的资本主义过渡到社会主义社会,以保障各国人民的持久和平、独立和自由。"——11。

16 《德意志帝国年鉴》即《德意志帝国立法、行政和国民经济年鉴》(«Annalen des Deutschen Reichs für Gesetzgebung, Verwaltung und Volkswirtschaft»),是德国杂志,1868—1931 年先后在慕尼黑、莱比锡和柏林出版。——14。

17 《银行》杂志(«Die Bank»)是德国金融家的刊物,1908—1943 年在柏林出版。——25。

18　列宁在《关于帝国主义的笔记》中对奥·耶德尔斯《德国大银行业与工业的关系,特别是与冶金工业的关系》一书作了详细的评述(见《列宁全集》中文第 2 版第 54 卷《笔记"β"("贝塔")》中的《耶德尔斯〈德国大银行与工业的关系〉》)。——25。

19　列宁在《关于帝国主义的笔记》中对格·舒尔采-格弗尼茨的《德国信用银行》和《20 世纪初的不列颠帝国主义和英国自由贸易》两本书作了批判性评述(见《列宁全集》中文第 2 版第 54 卷《笔记"α"("阿耳法")》中的《〈社会经济概论〉摘录》和《笔记"λ"("拉姆达")》中的《舒尔采-格弗尼茨:〈不列颠帝国主义〉》)。——28。

20　列宁在《关于帝国主义的笔记》中对罗·利夫曼《参与和投资公司。对现代资本主义和有价证券业的研究》一书作了批判性分析(见《列宁全集》中文第 2 版第 54 卷第《笔记"ι"("伊奥塔")》中的《利夫曼:〈参与和投资公司〉》)。——29。

21　列宁利用了雅·里塞尔《德国大银行及其随着德国整个经济发展而来的集中》的两个版本:1910 年耶拿版和 1912 年耶拿版。在《关于帝国主义的笔记》中,列宁详细分析了该书中历年的实际材料(见《列宁全集》中文第 2 版第 54 卷《笔记"ϑ"("太塔")》中的《里塞尔:〈德国大银行及其集中〉》)。——29。

22　在原统计材料中,本栏数字是 4 类机构数字的总和,而列宁在本表中只列举了 3 类机构的数字。参看《列宁全集》中文第 2 版第 54 卷《笔记"ϑ"("太塔")》中的《里塞尔:〈德国大银行及其集中〉》。——30。

23　总公司全称是法国贸易和工业发展促进总公司,我国通称为法国兴业银行,1864 年成立,是法国大商业银行之一。该行总行设在巴黎,在国内外有分支机构。——31。

24　1873 年交易所的崩溃发生在这年上半年。19 世纪 70 年代,信用扩张、滥设投机公司以及交易所投机达到空前规模。在工业以及商业都出现了世界经济危机的明显征兆的情况下,交易所投机还在继续发展。于是灾难终于在 1873 年 5 月 9 日降临到维也纳交易所。24 小时之内,股票贬值好几亿,破产的公司数目惊人。这一灾难随即蔓延到德国和其他一些国家。恩格斯曾对这一事件作过评述(参看《马克思恩格斯全集》中文第 2 版第 25 卷第 417 页)。——35。

25　滥设投机公司的丑事指 19 世纪 70 年代初德国加紧创办股份公司的热潮。根据 1871 年法兰克福和约,德国从法国得到赔款 50 亿金法郎。德国资本家为了趁机牟取暴利,就在各地纷纷开设股份公司和银行企业,进行投机活动。从 1871 年下半年到 1874 年之间就成立了 857 个股份公司,等于前 20 年所建立的公司总数的 4 倍。恩格斯描述当时的情况说:"人们滥设股份公司或两合公司、银行、土地信用和动产信用机构、铁路建筑公司、各种工厂、造船厂、以土地和建筑物进行投机的公司以及其他表面上叫做工业企业而实际上进行最可耻的投机活动的事业。……过度的投机活动最终造成了普遍的崩溃。"(参看《马克思恩格斯全集》中文第 2 版第 25 卷第 417 页)。——35。

26　《法兰克福报》(《Frankfurter Zeitung》)是德国交易所经纪人的报纸(日报),1856—1943 年在美因河畔法兰克福出版。——37。

27　指格·瓦·普列汉诺夫。普列汉诺夫关于帝国主义问题的看法见他的《论战争》文集,该文集于大战期间在彼得格勒出版。——46。

28　《新时代》杂志(《Die Neue Zeit》)是德国社会民主党的理论刊物,1883—1923 年在斯图加特出版。1890 年 10 月前为月刊,后改为周刊。1917 年 10 月以前编辑为卡·考茨基,以后为亨·库诺。1885—1895 年间,杂志发表过马克思和恩格斯的一些文章。恩格斯经常关心编辑部的工作,帮助它端正办刊方向。为杂志撰过稿的还有威·李卜克内西、保·拉法格、格·瓦·普列汉诺夫、罗·卢森堡、弗·梅林等国际工人运动活动家。《新时代》杂志在介绍马克思主义基本理论、宣传俄国 1905—1907 年革命等方面做了有益的工作。随着考茨基转到机会主义立场,1910 年以后,《新时代》杂志成了中派分子的刊物。第一次世界大战期间,杂志持中派立场,实际上支持社会沙文主义者。——48。

29　俄华银行由沙皇俄国政府设立,是推行其侵华政策的工具,中文名称为华俄道胜银行。该行于 1895 年 12 月在彼得堡设总行,次年起先后在上海、天津、汉口、北京、哈尔滨、大连等地设分行。该行资本以法国投资占多数,而董事会中的席位则由俄国占多数。沙皇政府还迫使清朝政府从"俄法借款"中拨出 500 万两白银入股,使该行取得中俄合办名义,但中国方面无董事席位,对该行事务无权过问。该行曾承办中东铁路的建造和经营,在旧中国发行纸币(在东北还推行卢布的使用),参加对华贷款的帝国主义银行团。1910 年该行和沙皇俄国政府设立的另一家有法国投资的银行——俄国北方银行合并,改称俄亚银行,中文名称未改。俄亚银行是俄国当时最大的商业银行,十月革命后被苏维埃政府收归国有,并入统一的苏维埃共和国人民银行。1920 年俄亚银行总行改设于巴黎。1926 年巴黎总行和各分行一起停业。——48。

30 由于《帝国主义是资本主义的最高阶段》一书是准备作为合法读物在沙皇俄国出版的,所以书中对俄国帝国主义的分析比较简略。在《关于帝国主义的笔记》中,列宁除了使用欧·阿加德的《大银行与世界市场。从大银行对俄国国民经济和德俄两国关系的影响来看大银行在世界市场上的经济作用和政治作用》一书外,还利用了 A.H.扎克《俄国工业中的德国人和德国资本》和 B.伊施哈尼安《俄国国民经济中的外国成分》这两本书中的资料(见《列宁全集》中文第 2 版第 54 卷《笔记"β"("贝塔")》中的《欧·阿加德:〈大银行与世界市场〉》,《笔记"γ"("伽马")》中的《关于扎克的〈俄国工业中的德国人和德国资本〉一书》,《笔记"δ"("迭耳塔")》中的《伊施哈尼安:〈俄国国民经济中的外国成分〉》)。此外,《关于帝国主义的笔记》中还包含有其他大量论述俄国垄断资本主义的材料和列宁对俄国帝国主义各个方面的评价。——50。

31 法国的巴拿马案件是指法兰西第三共和国时期的一个大的贪污贿赂案。1879 年法国为开凿穿过巴拿马地峡的运河而成立了巴拿马运河公司,由苏伊士运河建筑师斐·莱塞普斯任董事长。1881 年工程开工,由于管理不善和贪污舞弊,公司发生资金困难。公司负责人乃向政府和有关人员行贿,以进行股票投机。1888 年公司破产,几十万股票持有者在经济上受到重大损失。1893 年议会大选前,这一贿赂事件被揭露,受贿者有总理、部长、议员等多人,结果引起了一场政治风潮。为掩盖真相,法国政府匆忙宣告被控告的官员和议员无罪,只有一些次要人物被判罪。1894 年该公司改组;1903 年公司把运河开凿权卖给了美国。后来"巴拿马"一词就成了官商勾结进行诈骗的代名词。——55。

32 巴格达铁路是 20 世纪初人们对连接博斯普鲁斯海峡和波斯湾的铁路线(全长约 2 400 公里)的通称。德国帝国主义为了向中近东扩张,从 19 世纪末就开始谋求修建这条铁路。1898 年,德皇威廉二世为此亲自访问了土耳其首都伊斯坦布尔。1903 年德国同土耳其正式签订了关于修建从科尼亚经巴格达到巴士拉的铁路的协定。这条铁路建成后可以把柏林、伊斯坦布尔、巴格达连接起来,使德国的势力延伸到波斯湾。这不仅威胁着英国在印度和埃及的殖民统治地位,而且同俄国在高加索和中亚的利益发生矛盾。因此,英俄法三国结成同盟来反对德国。这条铁路到第一次世界大战爆发时尚未建成,它最后是由英法两国的公司于 1934—1941 年修建完成的。——55。

33 《国际统计研究所公报》(«Bulletin de l' Institut International de Statistique»)于 1885—1912 年在海牙出版。——56。

34 列宁在《关于帝国主义的笔记》中将阿·奈马尔克在《国际统计研究所公报》上列举的有关全世界的证券发行和各国占有有价证券的资料同他引自瓦·措林格尔《国际有价证券转移对照表》中的资料加以比较和核对,并作出了自己的计算(见《列宁全集》中文第 2 版第 54 卷《笔记"β"("贝塔")》中的《措林格尔(国际对照表)和奈马尔克》)。——57。

35 《世界经济文汇》(«Weltwirtschaftliches Archiv»)是德国基尔大学世界经济研究所的刊物,1913 年起在耶拿出版。——60。

36 《每日电讯》(«The Daily Telegraph»)是英国报纸(日报),1855 年在伦敦创刊,起初是自由派的报纸,从 19 世纪 80 年代起成为保守派的报纸。1937 年同《晨邮报》合并成为《每日电讯和晨邮报》。——60。

37 《皇家统计学会杂志》(«Journal of the Royal Statistical Society»)是英国刊物,1838 年起在伦敦出版。——60。

38 《美国政治和社会科学学院年刊》(«The Annals of the American Academy of Political and Social Science»)是美国杂志,1890 年起在费城出版。

——64。

39 《统计学家报》(《The Statist》) 是英国保守派的经济和政治问题周报，1878 年起在伦敦出版。——64。

40 列宁在《关于帝国主义的笔记》中摘引了亨·C.莫里斯的《从上古到今日的殖民史》一书中的统计资料，认为该书汇集的统计材料很有趣。列宁根据该书提供的资料，计算出了说明各资本主义大国的殖民地占有情况的具体数字（见《列宁全集》中文第 2 版第 54 卷《笔记"γ"（"伽马"）》中的《莫里斯:〈殖民史〉》）。——75。

41 指格·瓦·普列汉诺夫。——77。

42 列宁对亚·苏潘的资料和奥·许布纳尔的《地理统计表》的详细分析，见《列宁全集》中文第 2 版第 54 卷《笔记"ζ"（"捷塔"）》中的《苏潘:〈欧洲殖民地的扩展〉和奥托·许布纳尔的〈地理统计表〉》。——78。

43 列宁在《关于帝国主义的笔记》中对卡·考茨基及其他考茨基分子关于帝国主义的观点作了批判性分析（见《列宁全集》中文第 2 版第 54 卷《笔记"β"（"贝塔"）》中的《评卡·考茨基论帝国主义》、《几点看法（（关于整个金融资本））》和《笔记"δ"（"迭耳塔"）》中的《1914 年和 1915 年的考茨基（论帝国主义、战争和社会民主党）》）。——92。

44 《德意志帝国统计年鉴》(《Statistisches Jahrbuch für das Deutsche Reich》) 是德国杂志，1880—1941 年在柏林出版。——94。

45 《铁路业文汇》(《Archiv für Eisenbahnwesen》) 是德国公共工程部机关刊物，1878—1943 年在柏林出版。——94。

46 从《关于帝国主义的笔记》引用的材料中可以看出，列宁如何根据各方面的资料收集和整理了 1890 年和 1913 年不同国家（大国、独立国和半独立国、殖民地）铁路网发展的详尽数字（见《列宁全集》中文第 2 版第 54 卷《笔记"μ"（"谬"）中的《铁路》、《关于铁路的统计》）。他将这一研究的结果概括在两张简表之中（见本书第 95—96 页）——94。

47 恩格斯 1858 年 10 月 7 日的信，见《马克思恩格斯选集》第 3 版第 4 卷第

434 页;恩格斯 1881 年 8 月 11 日的信,参看《马克思恩格斯全集》中文第 1 版第 35 卷第 18 页。卡·考茨基《社会主义与殖民政策》一书中所引的恩格斯 1882 年 9 月 12 日给考茨基的信,见《马克思恩格斯选集》第 3 版第 4 卷第 548—549 页。——105。

48 费边社是 1884 年成立的英国改良主义组织,其成员多为资产阶级知识分子,代表人物有悉·韦伯、比·韦伯、拉·麦克唐纳、肖伯纳、赫·威尔斯等。费边·马克西姆是古罗马统帅,以在第二次布匿战争(公元前 218—前 201 年)中采取回避决战的缓进待机策略著称。费边社即以此人名字命名。费边派虽然认为社会主义是经济发展的必然结果,但只承认演进的发展道路。他们反对马克思主义的阶级斗争和无产阶级革命学说,鼓吹通过细微的改良来逐渐改造社会,宣扬所谓"地方公有社会主义"(又译"市政社会主义")。1900 年费边社加入工党(当时称工人代表委员会),但仍保留自己的组织。在工党中,它一直起制定纲领原则和策略原则的思想中心的作用。第一次世界大战期间,费边派采取社会沙文主义立场。关于费边派,参看列宁《社会民主党在 1905 —1907 年俄国第一次革命中的土地纲领》第 4 章第 7 节和《英国的和平主义和英国的不爱理论》(《列宁全集》中文第 2 版第 16 卷和第 26 卷)。——107。

49 最后的莫希干人一语出自美国作家詹·费·库珀的小说《最后一个莫希干人》。小说描写北美印第安土著中的莫希干人在欧洲殖民主义者奴役和欺骗下最终灭绝的故事。后来人们常用"最后的莫希干人"来比喻某一社会集团或某一组织、派别的最后的代表人物。——109。

50 指八国联军镇压中国义和团起义和帝国主义列强强迫清政府签订辛丑条约(辛丑议定书)。该条约于 1901 年 9 月 7 日由清政府全权代表奕劻和李鸿章同英、美、俄、德、日、奥、法、意、西、荷、比 11 个国家的代表在北京签订。——117。

51 指 1898 年 9 月英、法两国殖民军队在法索达(位于苏丹南部,现名科多克)武装对峙的事件。这一冲突是由英、法两国争夺非洲殖民地的斗争引起的。英国为巩固自己在埃及的统治,以最后通牒方式要求法军撤离法索达。法国因处境不利，又恐在对英作战时德国乘机进攻，被迫于1899年3月21日同英国签订了放弃尼罗河上游的协定，但它也取得了乍得湖和过去双方一直有争议的瓦达伊地区作为补偿。——119。

人 名 索 引

A

阿恩特，保尔（Arndt，Paul）——《法国资本的实力》一文的作者。——60。

阿加德，欧根（Agahd，Eugene）——德国经济学家，在俄华银行工作过15年，任总稽核。——48、50、56、109。

阿克雪里罗得，帕维尔·波里索维奇（Аксельрод，Павел Борисович 1850—1928）——俄国孟什维克领袖之一。19世纪70年代是民粹派分子。1883年参与创建劳动解放社。1900年起是《火星报》和《曙光》杂志编辑部成员。这一时期在宣传马克思主义的同时，也在一系列著作中把资产阶级民主制和西欧社会民主党议会活动理想化。1903年在俄国社会民主工党第二次代表大会上是《火星报》编辑部有发言权的代表，属火星派少数派，会后是孟什维主义的思想家。1905年提出召开广泛的工人代表大会的取消主义观点。1906年在党的第四次（统一）代表大会上代表孟什维克作了关于国家杜马问题的报告，宣扬无产阶级同资产阶级实行政治合作的机会主义思想。斯托雷平反动时期和新的革命高涨年代是取消派的思想领袖，参加孟什维克取消派《社会民主党人呼声报》编辑部。1912年加入"八月联盟"。第一次世界大战期间表面上是中派，实际持社会沙文主义立场；曾参加齐美尔瓦尔德代表会议和昆塔尔代表会议，属于右翼。1917年二月革命后任彼得格勒苏维埃执行委员会委员，支持资产阶级临时政府。十月革命后侨居国外，反对苏维埃政权，鼓吹武装干涉苏维埃俄国。——106。

阿奎纳多，埃米利奥（Aguinaldo，Emilio 1869—1964）——菲律宾政治活动家。1896年代表地主和资产阶级的利益参加了菲律宾人民反抗西班牙统治的起义。1897 年策划杀害起义领袖安・滂尼发秀,篡夺了运动的领导权。1898 年美西战争爆发后,参加反西战争,成为菲律宾政府首脑。1899 年 1 月任刚成立的菲律宾共和国总统。在美国取代西班牙侵占菲律宾后,又领导菲律宾人反对美国侵略者的斗争。1901 年 3 月被美军俘虏,宣誓效忠美国,号召人民停止反抗。——109。

埃施韦格,路德维希(Eschwege,Ludwig)——德国经济学家,德国《银行》杂志撰稿人,在该杂志上发表过一些有关金融资本问题的文章。——25、48、53—55、109。

爱德华七世(Edward Ⅶ 1841—1910)——英国国王(1901—1910)。——55。

B

鲍威尔,奥托(Bauer,Otto 1882—1938)——奥地利社会民主党和第二国际领袖之一,"奥地利马克思主义"理论家。同卡・伦纳一起提出资产阶级民族主义的民族文化自治论。1907 年起任社会民主党议会党团秘书,同年参与创办党的理论刊物《斗争》杂志。1912 年起任党中央机关报《工人报》编辑。第一次世界大战期间应征入伍,在俄国前线被俘。1917 年二月革命后在彼得格勒,同年 9 月回国。敌视俄国十月革命。1918 年 11 月—1919 年 7 月任奥地利共和国外交部长,赞成德奥合并。1920 年在维也纳出版反布尔什维主义的《布尔什维主义还是社会民主主义?》一书。1920 年起为国民议会议员。第二半国际和社会主义工人国际的组织者和领袖之一。曾参与制定和推行奥地利社会民主党的机会主义路线,使奥地利工人阶级的革命斗争遭受严重损失。晚年修正了自己的某些改良主义观点。——8。

贝尔,麦克斯(Beer,Max 1864—1943)——德国社会主义史学家。19 世纪 80 年代属德国社会民主党左翼(青年派)。因参加社会主义报刊工作被捕,1894 年流亡伦敦,后去美国。1901 年又回到伦敦,成为《前进报》通讯员。1915 年回到德国,追随右派社会民主党人。在 1917—1918 年革命事件影响下又向左靠拢,写了一些较接近于马克思主义的著作,如《卡尔・马克思,他的生平和学说》(1923)等。——76。

贝拉尔,维克多(Bérard,Victor 1864—1931)——法国经济学家、政论家和语文学家。——110。

波特列索夫,亚历山大·尼古拉耶维奇(Потресов, Александр Николаевич 1869—1934)——俄国孟什维克领袖之一。19世纪90年代初参加马克思主义小组。1896年加入彼得堡工人阶级解放斗争协会,后被捕,1898年流放维亚特卡省。1900年出国,参与创办《火星报》和《曙光》杂志。在俄国社会民主工党第二次代表大会上是《火星报》编辑部有发言权的代表,属火星派少数派,会后是孟什维克刊物的主要撰稿人和领导人。斯托雷平反动时期和新的革命高涨年代是取消派思想家,在《复兴》杂志和《我们的曙光》杂志中起领导作用。第一次世界大战期间是社会沙文主义者。1917年在反布尔什维克的资产阶级《日报》中起领导作用。十月革命后侨居国外,为克伦斯基的《白日》周刊撰稿,攻击苏维埃政权。——77、106。

伯恩施坦,爱德华(Bernstein, Eduard 1850—1932)——德国社会民主党和第二国际右翼领袖之一,修正主义的代表人物。1872年加入社会民主党,曾是欧·杜林的信徒。1879年和卡·赫希柏格、卡·施拉姆在苏黎世发表《德国社会主义运动的回顾》一文,指责党的革命策略,主张放弃革命斗争,适应俾斯麦制度,受到马克思和恩格斯的严厉批评。1881—1890年任党的中央机关报《社会民主党人报》编辑。从90年代中期起完全同马克思主义决裂。1896—1898年以《社会主义问题》为题在《新时代》杂志上发表一组文章,1899年发表《社会主义的前提和社会民主党的任务》一书,从经济、政治和哲学方面对马克思主义的理论和策略作了全面的修正。1902年起为国会议员。第一次世界大战期间持中派立场。1917年参加德国独立社会民主党,1919年公开转到右派方面。1918年十一月革命失败后出任艾伯特——谢德曼政府的财政部长助理。——8。

布哈林,尼古拉·伊万诺维奇(Бухарин, Николай Иванович 1888—1938)——1906年加入俄国社会民主工党。1907年进入莫斯科大学法律系经济学专业学习。1908年起任党的莫斯科委员会委员。1909—1910年几度被捕,1911年从流放地逃往欧洲。在国外开始著述活动,参加欧洲工人运动。1917年二月革命后回国,当选为莫斯科苏维埃执行委员会委员、党的莫斯科委员会委员,任《社会民主党人报》和《斯巴达克》杂志编辑。在党的第六至第十六次代表大会上当选为中央委员。1917年10月起任莫斯科军事革命委员会委员,参与领导莫斯科的武装起义。同年 12 月起任《真理报》主编。1918 年初反对签订布列斯特和约,是"左派共产主义者"集团的领袖。1919 年 3 月当选为党中央政治局候补委员。1919 年共产国际成立后任共产国际执行委员会委员和主席团委员。1920—1921 年工会问题争论期间领导"缓冲"派。1924 年 6 月当选为中央政治局委员。1926—1929 年主持共产国际的工作。1929 年被作为"右倾派别集团"的领袖受到批判,同年被撤销《真理报》主编、中央政治局委员、共产国际执行委员会委员和主席团委员职务。1931 年起任苏联最高国民经济委员会主席团委员。1934—1937 年任《消息报》主编。1934 年当选为候补中央委员。1937 年 3 月被开除出党。1938 年 3 月 13 日被苏联最高法院军事审判庭以"参与托洛茨基的恐怖、间谍和破坏活动"的罪名判处枪决。1988 年平反并恢复党籍。——40。

C

察恩,弗里德里希(Zahn,Friedrich 1869—1946)——《从 1905 年人口统计和 1907 年职业与企业统计看德国经济的发展》一文的作者。——14

D

达维多夫,列昂尼德·费多罗维奇(Давыдов,Леонид Федорович)——俄国圣彼得堡信用局局长,银行投机家。——56。

大卫,爱德华(David,Eduard 1863—1930)——德国社会民主党右翼领袖之一,经济学家;德国机会主义者的主要刊物《社会主义月刊》创办人之一。1893 年加入社会民主党。公开修正马克思主义关于土地问题的学说,否认资本主义经济规律在农业中的作用。1903 年出版《社会主义和农业》一书,宣扬小农经济稳固,维护所谓土地肥力递减规律。1903—1918 年和 1920—1930 年为国会议员,社会民主党国会党团领袖之一。第一次世界大战期间是社会沙文主义者;在《世界大战中的社会民主党》(1915)一书中为德国社会民主党右翼在第一次世界大战中的机会主义立场辩护。1919 年 2 月任魏玛共和国国民议会第一任议长。1919—1920 年任内务部长,1922—1927 年任中央政府驻黑森的代表。——77。

德里奥,J.爱德华(Driault,J.Edouard)——法国历史学家。——84、85。

E

F

G

高尔察克,亚历山大·瓦西里耶维奇(Колчак, Александр Васильевич 1873—
1920)——沙俄海军上将(1916),君主派分子。第一次世界大战期间任波
罗的海舰队作战部部长、水雷总队长,1916—1917 年任黑海舰队司令。
1918 年 10 月抵鄂木斯克,11 月起任白卫军"西伯利亚政府"陆海军部长。
11 月 18 日在外国武装干涉者支持下发动政变,在西伯利亚、乌拉尔和远东
建立军事专政,自封为"俄国最高执政"和陆海军最高统帅。叛乱被平定
后,1919 年 11 月率残部逃往伊尔库茨克,后被俘。1920 年 2 月 7 日根据伊
尔库茨克军事革命委员会的决定被枪决。——9。

格温纳,阿尔图尔(Gwinner, Arthur 1856—1931)——德国大金融家。1894—
1919 年任德意志银行经理,后任德意志银行和贴现公司的银行联合公司监
事会副会长。——69。

龚帕斯,赛米尔(Gompers, Samuel 1850—1924)——美国工会运动活动家。生
于英国,1863 年移居美国。1881 年参与创建美国与加拿大有组织的行业
工会和劳工会联合会,该联合会于 1886 年改组为美国劳工联合会(劳联),
龚帕斯当选为美国劳工联合会第一任主席,并担任此职直至逝世(1895 年
除外)。实行同资本家进行阶级合作的政策,反对工人阶级参加政治斗争。
第一次世界大战期间是社会沙文主义者。敌视俄国十月革命和苏维埃俄
国。——8。

古尔维奇,伊萨克·阿道福维奇(Гурвич, Исаак Адольфович 1860—
1924)——俄国经济学家。早年参加民粹派活动,1881 年流放西伯利亚。
在流放地考察了农民的迁移,1888 年出版了根据考察结果写出的《农民向
西伯利亚的迁移》一书。从流放地归来后,在工人中进行革命宣传,参加组
织明斯克的第一个犹太工人小组。1889 年移居美国,积极参加美国工会运
动和民主运动。20 世纪初成为修正主义者。所著《农民向西伯利亚的迁
移》、《俄国农村的经济状况》(1892)和《移民与劳动》(1912)等书,得到列
宁的好评。——104。

H

哈尔姆斯,伯恩哈德(Harms, Bernhard 1876—1939)——德国经济学家,讲坛

社会主义的代表人物之一,德国帝国主义的辩护士。1908 年起任基尔大学教授,是基尔世界经济和海运研究所的创办人和所长(1911—1933)。写有一些关于世界经济和政治问题的著作。——60。

哈夫迈耶,约翰·克雷格(Havemeyer,John Craig 1833—1922)——美国企业家,最大的糖业托拉斯的老板,铁路公司及其他一些公司的股东。——50。

海德门,亨利·迈尔斯(Hyndman,Henry Mayers 1842—1921)——英国社会党人。1881 年创建民主联盟(1884 年改组为社会民主联盟),担任领导职务,直至 1892 年。曾同法国可能派一起夺取 1889 年巴黎国际工人代表大会的领导权,但未能得逞。1900—1910 年是社会党国际局成员。1911 年参与创建英国社会党,领导该党机会主义派。第一次世界大战期间是社会沙文主义者。1916 年英国社会党代表大会谴责他的社会沙文主义立场后,退出社会党。敌视俄国十月革命,赞成武装干涉苏维埃俄国。——8。

海曼,汉斯·吉德翁(Heymann,Hans Gideon)——德国经济学家。——15、16、45、46。

海尼希,库尔特(Heinig,Kurt 1886—1956)——德国社会民主党人,经济学家和政论家。——48、67。

亨盖尔,汉斯(Henger,Hans)——《法国对有价证券的投资,特别是对工商业的投资》一书的作者。——104。

胡斯曼,卡米耶(Huysmans,Camille 1871—1968)——比利时工人运动最早的活动家之一,比利时社会党领导人之一,语文学教授,新闻工作者。1905—1922 年任第二国际社会党国际局书记。第一次世界大战期间持中派立场,实际上领导社会党国际局。1910—1965 年为议员,1936—1939 年和 1954—1958 年任众议院议长。1940 年当选为社会主义工人国际常务局主席。多次参加比利时政府,1946—1947 年任首相,1947—1949 年任教育大臣。——124。

霍布森,约翰·阿特金森(Hobson,John Atkinson 1858—1940)——英国经济学家,资产阶级改良主义者和和平主义者。著有《贫困问题》(1891)、《现代资本主义的演进》(1894)、《帝国主义》(1902)等书。用大量材料说明了帝国主义的经济和政治特征,但没有揭示出帝国主义的本质,认为帝国主义仅仅是一种政策的产物,只要改进收入的分配、提高居民的消费能力,经济危机就可以消除,争夺海外投资市场也就没有必要,帝国主义就可以避免。还幻想只要帝国主义采取联合原则,形成所谓国际帝国主义,就能消除帝国主义之间的矛盾,达到永久和平。晚年支持反法西斯主义的民主力量。——3、9、11、60、76、90、97、98、100—102、104、109、116。

J

吉芬,罗伯特(Giffen,Robert 1837—1910)——英国经济学家和统计学家,财政问题专家。19 世纪 60 年代起为一些资产阶级定期刊物撰稿。1876—1897 年任英国商业部统计司司长,是英国一些统计学会和经济学会的主席和创办人。写有经济、财政和统计方面的著作。——98。

K

卡尔韦尔,理查(Calwer,Richard 1868—1927)——德国经济学家,德国社会民主党内改良主义和修正主义的代表人物。1898 年被选入帝国国会。给自己的改良主义观点加上一种超党派的性质,认为消灭私有制不是社会主义的必备条件。1909 年退出社会民主党。1908—1913 年主持德国工会总委员会的经济评论和通讯小报的工作。1918 年以后在柏林工会训练班任教员。写有《临近 20 世纪初期的世界经济》、《商业》、《世界经济导论》等著作。——93。

考茨基,卡尔(Kautsky,Karl 1854—1938)——德国社会民主党和第二国际的领袖和主要理论家之一。1875 年加入奥地利社会民主党,1877 年加入德国社会民主党。1881 年与马克思和恩格斯相识后,在他们的影响下逐渐转向马克思主义。从 19 世纪 80 年代到 20 世纪初写过一些宣传和解释马克思主义的著作:《卡尔·马克思的经济学说》(1887)、《土地问题》(1899)等。但在这个时期已表现出向机会主义方面摇摆,在批判伯恩施坦时作了很多让步。1883—1917 年任德国社会民主党理论刊物《新时代》杂志主编。曾参与起草 1891 年德国社会民主党纲领(爱尔福特纲领)。1910 年以后逐渐转到机会主义立场,成为中派领袖。第一次世界大战前夕提出超帝国主义论,大战期间打着中派旗号支持帝国主义战争。1917 年参与建立德国独立社会民主党,1922 年拥护该党右翼与德国社会民主党合并。1918
年后发表《无产阶级专政》等书,攻击俄国十月革命,反对无产阶级专
政。——4、8、9、11、24、72、88—92、94、105、109—113、115—120、124。

考夫曼,欧根(Kaufmann,Eugen)——《法国银行业》一书和《法国大储蓄银行
的组织》一文的作者。——31、40。

克勒芒德,埃德加(Crammond,Edgar)——《不列颠帝国同德意志帝国的经济
关系》一文的作者。——96。

克罗美尔,伊夫林·巴林(Cromer,Evelyn Baring 1841—1917)——英国国务
活动家和外交家,勋爵。1872—1876 年任印度总督办公厅主任,英国占领
埃及(1882)后任英国驻埃及驻扎官(总督)。独揽埃及的统治大权,强使埃
及的经济和政治生活服从英国资本的利益。在保存地方政权的幌子下建
立起来的残酷的殖民制度,被称为"克罗美尔制度"。由于英帝国主义者迫
害登沙万村一带的埃及和平居民而激起的反英运动,于 1907 年被迫辞职,
后从事写作。写有《古代帝国主义和现代帝国主义》(1910)一书。——80。

克斯特纳,弗里茨(Kestner,Fritz)——德国经济学家。——20、22—24。

库诺,亨利希(Cunow,Heinrich 1862—1936)——德国社会民主党的理论家,
历史学家、社会学家和民族志学家。早期倾向马克思主义,后成为修正主
义者。1902 年任《前进报》编委。第一次世界大战期间是社会沙文主义者,
战后在社会民主党内持极右立场。1917—1923 年任德国社会民主党理论
刊物《新时代》杂志编辑。1919—1930 年任柏林大学教授,1919—1924 年
任民族志博物馆馆长。——91。

L

莱斯居尔,让(Lescure,Jean 1882—1947)——《法国储蓄业》(1914)一书的作
者。——31。

莱维,赫尔曼(Levy,Hermann 生于 1881 年)——德国经济学家,海德堡大学教
授;1921 年起任柏林高等技术学校教授。写有一些有关金融资本的著
作。——16、17。

兰斯堡，阿尔弗勒德（Lansburgh，Alfred 1872—1940）——德国经济学家，《银行》杂志的出版人（1908—1935），在该杂志上发表过有关金融资本问题的文章。——27、29、33、55、99、109、113—115。

劳合-乔治，戴维（Lloyd George，David 1863—1945）——英国国务活动家和外交家，自由党领袖。1890年起为议员。1905—1908年任商业大臣，1908—1915年任财政大臣。对英国政府策划第一次世界大战的政策有很大影响。曾提倡实行社会保险等措施，企图利用谎言和许诺来阻止工人阶级建立革命政党。1916—1922年任首相，残酷镇压殖民地和附属国的民族解放运动；是武装干涉和封锁苏维埃俄国的鼓吹者和策划者之一。曾参加1919年巴黎和会，是凡尔赛和约的炮制者之一。——60。

里塞尔，雅科布（Riesser，Jacob 1853—1932）——德国经济学家和银行家。1888—1905年是达姆施塔特银行经理。1901年创建德国银行和银行业中央联合会，1909年创建汉萨同盟，并长期担任这两个团体的主席。1905年起出版《银行文汇》杂志。1916—1928年为国会议员。写有一些为帝国主义和金融资本辩护的著作。——19、21、29—31、36、45、60、63、67、71、119、123。

利夫曼，罗伯特（Liefmann，Robert 1874—1941）——德国经济学家，教授，写有一些关于经济和社会问题的著作。——19、20、25、26、28、29、42、45、46、53、72。

利西斯（**勒太耶尔，欧仁**）（Lysis（Letailleur，Eugène））——法国经济学家，写有一些关于金融问题和政治问题的著作。——51、52。

林肯，阿伯拉罕（Lincoln，Abraham 1809—1865）——美国国务活动家，共和党领袖之一，美国总统（1861—1865）。1847—1849年为众议员。主张维护联邦统一，逐步废除奴隶制度。1860年作为共和党候选人当选总统。美国内战时期，在人民群众推动下实行一系列革命民主改革，颁布《宅地法》和《解放黑奴宣言》，使战争成为群众性的革命斗争，保证了战争的胜利。1865年4月被维护奴隶制的狂热分子暗杀。——109。

卢卡斯（柳卡斯），查理·普雷斯特伍德（Lucas，Charles Prestwood 1853—

1931）——英国殖民部官员和历史学家,英国帝国主义的辩护士。1877 年
起在英国殖民部供职,1907—1911 年在该部任自治领司司长。鼓吹无产阶
级和资产阶级的阶级合作。写有一些关于英帝国殖民史的著作。《大罗马
和大不列颠》(1912)一书的作者。——80。

吕西埃,昂利(Russier,Henri)——《大洋洲的瓜分》(1905)一书的作者。——83。

罗得斯,塞西尔·约翰(Rhodes,Cecil John 1853—1902)——英国政治活动
家,积极推行英国的殖民政策,鼓吹帝国主义扩张;英国殖民主义者侵占南
非和中非领土的组织者,后以他的名字将被占领的部分领土命名为罗得西
亚。1890—1896 年任开普殖民地总理;1899—1902 年英布战争的主要策
动者之一。——76、77、82。

洛克菲勒,约翰·戴维森(Rockefeller,John Davison 1839—1937)——美国石
油大王,洛克菲勒财团的创始人。1870 年创办美孚油公司,垄断了美国的
石油工业。洛克菲勒家族曾控制美国大通银行、纽约花旗银行等大银行,
对美国的内外政策有重大影响。——37、68、69。

M

马尔托夫,尔·(策杰尔包姆,尤利·奥西波维奇)(Мартов, Л.(Цедербаум,
Юлий Осипович)1873—1923)——俄国孟什维克领袖之一。1895 年参与
组织彼得堡工人阶级解放斗争协会。1896 年被捕并流放图鲁汉斯克三年。
1900 年参与创办《火星报》,为该报编辑部成员。在俄国社会民主工党第二
次代表大会上是《火星报》组织的代表,领导机会主义少数派,反对列宁的
建党原则;从那时起成为孟什维克中央机关的领导成员和孟什维克报刊的
编辑。曾参加党的第五次(伦敦)代表大会的工作。斯托雷平反动时期和
新的革命高涨年代是取消派分子,编辑《社会民主党人呼声报》,参与组织
"八月联盟"。第一次世界大战期间是中派分子,参加齐美尔瓦尔德代表会
议和昆塔尔代表会议。曾参加孟什维克组织委员会国外书记处,为书记处
编辑机关刊物。1917 年二月革命后领导孟什维克国际主义派。十月革命后
反对镇压反革命和解散立宪会议。1919 年当选为全俄中央执行委员会委
员,1919—1920 年为莫斯科苏维埃代表。1920 年 9 月侨居德国。参与组织
第二半国际,在柏林创办和编辑孟什维克杂志《社会主义通报》。——

106、124。

马克思,卡尔(Marx,Karl 1818—1883)——科学共产主义的创始人,世界无产
阶级的领袖和导师。——16、17、33、104、126。

马斯洛夫,彼得·巴甫洛维奇(Маслов,Петр Павлович 1867—1946)——俄
国经济学家,社会民主党人。写有一些土地问题著作,修正马克思主义政
治经济学原理。曾为《生活》、《开端》和《科学评论》等杂志撰稿。俄国社
会民主工党第二次代表大会后是孟什维克;曾提出孟什维克的土地地方公
有化纲领。在俄国社会民主工党第四次(统一)代表大会上代表孟什维
克作了关于土地问题的报告,被选入中央机关报编辑部。斯托雷平反动时期
和新的革命高涨年代是取消派分子。第一次世界大战期间是社会沙文主
义者。十月革命后脱离政治活动,从事教学和科研工作,研究社会主义政
治经济学问题。1929 年起为苏联科学院院士。——77、106。

麦克唐纳,詹姆斯·拉姆赛(MacDonald,James Ramsay 1866—1937)——英国
政治活动家,英国工党创建人和领袖之一。1885 年加入社会民主联盟。
1886 年加入费边社。1894 年加入独立工党,1906—1909 年任该党主席。
1900 年当选为劳工代表委员会书记,该委员会于 1906 年改建为工党。
1906 年起为议员,1911—1914 年和 1922—1931 年任工党议会党团主席。
推行机会主义政策,鼓吹阶级合作和资本主义逐渐长入社会主义的理论。
第一次世界大战初期采取和平主义立场,后来公开支持劳合-乔治政府进
行帝国主义战争。1918—1920 年竭力破坏英国工人反对武装干涉苏维埃
俄国的斗争。1924 年和 1929—1931 年先后任第一届和第二届工党政府首
相。1931—1935 年领导由保守党决策的国民联合政府。——8。

米勒兰,亚历山大·埃蒂耶纳(Millerand,Alexandre Étienne 1859—1943)——
法国政治家和国务活动家,法国社会党和第二国际的机会主义代表人物。
1885 年起多次当选议员。原属资产阶级激进派,90 年代初参加法国社会
主义运动,领导运动中的机会主义派。1898 年同让·饶勒斯等人组成法国
独立社会党人联盟。1899 年参加瓦尔德克-卢梭内阁,任工商业部长,是有
史以来社会党人第一次参加资产阶级政府,列宁把这个行动斥之为"实践
的伯恩施坦主义"。1904 年被开除出法国社会党,此后同阿·白里安、勒·

维维安尼等前社会党人一起组成独立社会党人集团（1911 年取名"共和社会党"）。1909—1915 年先后任公共工程部长和陆军部长,竭力主张把帝国主义战争进行到底。俄国十月革命后是武装干涉苏维埃俄国的策划者之一。1920 年 1—9 月任总理兼外交部长,1920 年 9 月—1924 年 6 月任法兰西共和国总统。资产阶级左翼政党在大选中获胜后,被迫辞职。1925 和 1927 年当选为参议员。——8。

摩根,约翰·皮尔庞特（Morgan, John Pierpont 1867 — 1943）——美国金融巨头,摩根财团的金融中心、美国最大的一家银行——摩根公司的首脑。摩根公司主要经营各种有价证券发行业务,并通过持股及参与董事会等方式控制国内外许多大企业和金融组织,后来发展成庞大的国际性金融资本集团。摩根财团对美国的内外政策有重大影响。——37。

莫里斯,亨利·C.（Morris, Henry C. 生于 1868 年）——美国历史学家和法学家,写有历史和经济方面的著作。——75。

N

纳希姆松,米龙·伊萨科维奇（斯佩克塔托尔）（Нахимсон, Мирон Исаакович（Спектатор）1880—1938）——俄国经济学家和政论家。1899—1921 年是崩得分子。第一次世界大战期间持中派立场。1935 年在莫斯科国际农业研究所和共产主义科学院工作。写有一些关于世界经济问题的著作。——111、112、115。

奈马尔克,阿尔弗勒德（Neymarck, Alfred 1848 — 1921）——法国经济统计学家。——56、57、60、110。

诺斯克,古斯塔夫（Noske, Gustav 1868—1946）——德国社会民主党右翼领袖之一。第一次世界大战爆发前就维护军国主义,大战期间是社会沙文主义者,在国会中投票赞成军事拨款。1918 年 12 月任人民代表委员会负责国防的委员,血腥镇压了 1919 年柏林、不来梅及其他城市的工人斗争。1919 年 2 月—1920 年 3 月任国防部长,卡普叛乱平息后被迫辞职。1920—1933 年任普鲁士汉诺威省省长。法西斯专政时期从希特勒政府领取国家养老金。——9。

O

欧文斯,迈克尔·约瑟夫(Owens, Michael Joseph 1859—1923)——美国制瓶机发明人,后成为该行业企业家。——97。

P

帕图叶,约瑟夫(Patouillet, Joseph)——法国经济学家,《美国帝国主义》(1904)一书的作者。——109。

佩什,乔治(Paish, George 1867—1957)——英国经济学家和统计学家,和平主义者。1881—1900年为英国保守党报纸《统计学家报》编辑部撰稿人,1900—1916年是该报编辑之一。1914—1916年任英国国库(财政部)财政和经济问题顾问。一些经济学会和统计学会的主席和会员。写有一系列关于世界经济和政治问题的著作。——60、64。

Q

齐赫泽,尼古拉·谢苗诺维奇(Чхеидзе, Николай Семенович 1864—1926)——俄国孟什维克领袖之一。19世纪90年代末参加社会民主主义运动。俄国社会民主工党第二次代表大会后是孟什维克。第三届和第四届国家杜马代表,第四届国家杜马孟什维克党团主席。第一次世界大战期间是中派分子。1917年二月革命后任国家杜马临时委员会委员、彼得格勒工兵代表苏维埃主席和第一届中央执行委员会主席,极力支持资产阶级临时政府。1918年起是反革命的外高加索议会主席,1919年起是格鲁吉亚孟什维克政府——立宪会议主席。1921年格鲁吉亚建立苏维埃政权后流亡法国。——106。

契尔施基,齐格弗里特(Tschierschky, Siegfried 生于1872年)——德国经济学家,曾在一些托拉斯和辛迪加做实际工作。著有《卡特尔与托拉斯》一书,曾出版《卡特尔评论》杂志。——20、33。

契恒凯里,阿卡基·伊万诺维奇(Чхенкели, Акакий Иванович 1874—1959)——格鲁吉亚孟什维克领袖之一;职业是律师。1898年参加社会民主主义运动。斯托雷平反动时期和新的革命高涨年代是取消派分子。第四届国家杜马代表,参加孟什维克杜马党团。第一次世界大战期间是社会沙文主义者。1917 年二月革命后是临时政府驻外高加索的代表。1918 年4 月任外高加索临时政府主席,后任格鲁吉亚孟什维克政府外交部长。1921 年格鲁吉亚建立苏维埃政权后成为白俄流亡分子。——106。

S

萨尔托里乌斯·冯·瓦尔特斯豪森,奥古斯特(Sartorius von Waltershausen, August 1852—1938)——德国经济学家,德国帝国主义的辩护士。1888—1918 年任斯特拉斯堡大学教授。写有一些关于世界经济和政治问题的著作。——83、99。

桑巴特,韦尔纳(Sombart, Werner 1863—1941)——德国经济学家和社会学家。1890 年起任布雷斯劳大学教授,1906 年起任柏林大学教授。早期著作受到马克思主义的影响,后来反对历史唯物主义和马克思的经济学说,否认社会发展的一般规律,强调精神的决定性作用,把资本主义描绘成一种协调的经济体系。晚年吹捧希特勒法西斯独裁制度,拥护反动的民族社会主义。主要著作有《19 世纪的社会主义和社会运动》(1896)、《现代资本主义》(1902)、《德国社会主义》(1934)。——52。

圣西门,昂利·克洛德(Saint-Simon, Henri Claude 1760—1825)——法国空想社会主义者。贵族出身。参加过美国独立战争,同情法国大革命。长期考察革命后的社会矛盾,于 19 世纪初逐渐形成空想社会主义思想。把社会发展看做人类理性的发展,有时也认为社会发展是经济发展引起的。抨击资本主义制度,认为竞争和无政府状态是一切灾难中最严重的灾难。所设想的理想制度是由"实业家"和学者掌握各方面权力、一切人都要劳动、按"才能"分配的"实业制度"。由于历史的局限,把资本家和无产阶级合称"实业家阶级",并主张在未来社会中保留私有制。提出关于未来社会必须有计划地组织生产和生活、发挥银行调节流通和生产的作用、国家将从对人的政治统治变为对物的管理和对生产的指导等一系列有重大意义的思想。晚年宣告他的最终目的是工人阶级的解放,但不理解工人阶级的历史使命,寄希望于统治阶级的理性和善心。主要著作有《一个日内瓦居民给当代人的信》(1803)、《人类科学概论》(1813)、《论实业制度》(1821)、《实业家问答》(1823—1824)、《新基督教》(1825)等。——125、126。

施蒂利希,奥斯卡尔(Stillich,Oskar 生于 1872 年)——《货币银行业》一书的
　　作者。——35、41、52、53。

施尔德尔,齐格蒙德(Schilder,Sigmond 死于 1932 年)——德国经济学家,曾
　　任商业博物馆秘书。写有《世界经济发展趋势》、《世界大战的世界经济前
　　提》等著作。——60、63、80、81、83、84、99、119。

施陶斯,埃米尔·格奥尔格(Stauß,Emil Georg 生于 1877 年)——德国金融家
　　和银行家。1898 年起在德意志银行任职;从 1906 年至第一次世界大战结
　　束,主管该银行的石油公司。1915 年起是德意志银行和贴现公司的董事和
　　监事。——69。

舒尔采-格弗尼茨,格尔哈特(Schulze-Gaevernitz,Gerhart 1864 — 1943)——德
　　国经济学家,讲坛社会主义者。1892 — 1893 年研究俄国的纺织工业和土地
　　关系,并在莫斯科大学讲学。1893 — 1926 年任弗赖堡大学政治经济学教
　　授。试图论证在资本主义社会里有可能确立改善所有各阶级(资本家、工
　　人和农民)状况的社会和平和"社会和谐"。把垄断资本、大银行的统治看
　　做是"有组织的资本主义"。主要著作有《大生产及其对经济和社会进步的
　　意义》(1892)、《论俄国社会经济和经济政策》(1899)等。—— 28、36、
　　37、42、45、46、83、99、102、103、125。

斯柯别列夫,马特维·伊万诺维奇(Скобелев,Матвей Иванович 1885 —
　　1938)——1903 年参加俄国社会民主主义运动,孟什维克;职业是工程师。
　　1906 年侨居国外,为孟什维克出版物撰稿,参加托洛茨基的维也纳《真理
　　报》编辑部。第四届国家杜马代表,社会民主党杜马党团领袖之一。第一
　　次世界大战期间是中派分子。1917 年二月革命后任彼得格勒工兵代表苏
　　维埃副主席、第一届中央执行委员会副主席;同年 5—8 月任临时政府劳动
　　部长。十月革命后脱离孟什维克,先后在合作社系统和对外贸易人民委员
　　部工作。1922 年加入俄共(布),在经济部门担任负责工作。1936 — 1937
　　年在全苏无线电委员会工作。——106。

斯佩克塔托尔——见纳希姆松,米龙·伊萨科维奇。

斯特德,威廉·托马斯(Stead,William Thomas 1849 — 1912)——英国新闻工

作者。1871 年起在达灵顿编辑《北方回声报》。1880 年任资产阶级报纸《派尔-麦尔新闻》助理编辑,1883 — 1889 年为编辑。1890 年创办《评论的评论》。写过不少著作,其中包括《欧洲联邦》、《世界的美国化》等。1905 年为伦敦《泰晤士报》驻俄国记者。——77。

苏潘,亚历山大(Supan,Alexander 1847—1920)——德国地理学家,哥达大学和布雷斯劳大学教授。——74、77、78。

T

塔弗尔,保尔(Tafel,Paul)——《北美托拉斯及其对技术进步的影响》(1913)一书的作者。——21。

托马,阿尔伯(Thomas,Albert 1878—1932)——法国政治活动家,右派社会党人。1904 年起为社会党报刊撰稿。1910 年起为社会党议会党团领袖之一。第一次世界大战期间是社会沙文主义者。曾参加资产阶级政府,任军需部长。俄国 1917 年二月革命后到俄国鼓吹继续进行战争。1919 年是伯尔尼国际的组织者之一。1920 — 1932 年任国际联盟国际劳工组织的主席。——8。

W

瓦尔,莫里斯(Wahl,Maurice)——《法国在殖民地》一书的作者。——83。

威廉二世(**霍亨索伦**)(Wilhelm II(Hohenzollern)1859 — 1941)——普鲁士国王和德国皇帝(1888—1918)。——55。

X

希尔,戴维·杰恩(Hill,David Jayne 1850 — 1932)——美国历史学家和外交家,三卷本《欧洲国际关系发展中的外交史》一书的作者。——118。

希尔德布兰德,格尔哈德(Hildebrand,Gerhard)——德国经济学家,政论家,德国社会民主党党员;1912 年因持机会主义立场被开除出党。——102。

希法亭,鲁道夫(Hilferding,Rudolf 1877 — 1941)——奥地利社会民主党、德国社会民主党和第二国际机会主义领袖之一,"奥地利马克思主义"理论家。

1907—1915 年任德国社会民主党中央机关报《前进报》编辑。1910 年发表《金融资本》一书,对研究垄断资本主义起了一定的积极作用,但书中有理论错误。第一次世界大战期间是中派分子,主张同社会帝国主义者统一。战后公开修正马克思主义,提出"有组织的资本主义"的理论,为国家垄断资本主义辩护。1917 年起为德国独立社会民主党领袖之一。敌视苏维埃政权和无产阶级专政。1920 年取得德国国籍。1924 年起为国会议员。1923 年和 1928—1929 年任魏玛共和国财政部长。法西斯分子上台后流亡法国。——9、11、15、44、50、53、60、82、97、111、119。

谢德曼,菲力浦(Scheidemann, Philipp 1865—1939)——德国社会民主党右翼领袖之一。1903 年起参加社会民主党国会党团。1911 年当选为德国社会民主党执行委员会委员,1917—1918 年是执行委员会主席之一。第一次世界大战期间是社会沙文主义者。1918 年 10 月参加巴登亲王马克斯的君主制政府,任国务大臣。1918 年十一月革命期间参加所谓的人民代表委员会,借助旧军队镇压革命。1919 年 2—6 月任魏玛共和国联合政府总理。1933 年德国建立法西斯专政后流亡国外。——9。

休特古姆,阿尔伯特(Südekum, Albert 1871—1944)——德国社会民主党右翼领袖之一,修正主义者。1900—1918 年是帝国国会议员。第一次世界大战期间是社会沙文主义者。在殖民地问题上宣扬帝国主义观点,反对工人阶级的革命运动。1918—1920 年任普鲁士财政部长。1920 年起不再积极参加政治活动。"休特古姆"一词已成为极端机会主义者和社会沙文主义者的通称。——77。

许布纳尔,奥托(Hübner, Otto 1818—1877)——德国经济学家和统计学家。地理统计年鉴《世界各国地理统计表》的编者和出版者。——78。

Y

耶德尔斯,奥托(Jeidels, Otto)——德国经济学家,著有《德国大银行与工业的关系,特别是与冶金工业的关系》。——25、26、38—43、65、68。

Z

张伯伦,约瑟夫(Chamberlain, Joseph 1836—1914)——英国国务活动家。

1880—1885 年任贸易大臣,1886 年任内务大臣,1895—1903 年任殖民大臣。极力推行殖民掠夺政策,是 1899—1902 年英布战争的主要策划者之一。他提出将英国所有殖民地统一为一个实行共同关税税率的联邦帝国的思想,主张废除自由贸易。由于在这个问题上没有得到政府的充分支持,于 1903 年退出政府,以便在争取社会舆论的斗争中保持行动自由。1906 年脱离政治活动。——76。

责任编辑：崔继新
装帧设计：汪　莹
版式设计：周方亚
责任校对：孟　蕾

图书在版编目（CIP）数据

帝国主义是资本主义的最高阶段/列宁著；中共中央马克思恩格斯列宁斯大林著作
　　编译局编译. -北京：人民出版社，2014.12（2018.3 重印）
（马列主义经典作家文库）
ISBN 978－7－01－013002－6

Ⅰ.①帝…　Ⅱ.①列…　②中…　Ⅲ.①马列著作-马克思主义　Ⅳ.①A224

中国版本图书馆 CIP 数据核字（2013）第 321504 号

书　　　名　**帝国主义是资本主义的最高阶段**
　　　　　　DIGUOZHUYI SHI ZIBENZHUYI DE ZUIGAO JIEDUAN
编 译 者　中共中央马克思恩格斯列宁斯大林著作编译局
出版发行　人民出版社
　　　　　　（北京市东城区隆福寺街 99 号　邮编 100706）
邮购电话　（010）65250042　65289539
经　　　销　新华书店
印　　　刷　北京新华印刷有限公司
版　　　次　2014 年 12 月第 1 版　2018 年 3 月北京第 2 次印刷
开　　　本　635 毫米×927 毫米 1/16
印　　　张　10.75
插　　　页　2
字　　　数　126 千字
印　　　数　10,001－20,000 册
书　　　号　ISBN 978－7－01－013002－6
定　　　价　27.00 元